JN047053

全身きれいになりたければ、
お尻だけほぐせばいい！

鍼美salonゑまひ代表
鍼灸師
田口 咲

講談社

Oshiri Beauty

お尻のケア、ちゃんとしていますか？

実は、お尻には〝きれいのスイッチ〟があって、

お尻をほぐすだけで、全身がきれいになるんです。

キツい筋トレをする必要もありません。

そんなお尻に秘められたスゴいパワーを、

これまでに1万5000人以上もの女性のお尻を

ケアしてきた「お尻先生」こと田口咲がお教えします！

あなたは
いいお尻
Good
ハリがある
やわらかい
あたたかい
太ももとの間に
境目がある
山の位置が高い
スベスベ

残念なお尻

Bad

- □ 硬い
- □ ふにゃふにゃしている
- □ 冷たい
- □ 大きすぎる
- □ 垂れている
- □ 削げている
- □ セルライトがある
- □ ザラザラ

どっち？

美しくなりたいなら、「お尻」をケアするだけでいい

前ページの「いいお尻」と「残念なお尻」、あなたはどちらが多くあてはまりましたか？　ほとんどの人が、「残念なお尻」ではないでしょうか。

お尻は体の後ろ側にあり、自分で見ることが少ないため、ついついケアを怠りがち。でも実は、お尻は女性の美と健康のカギを握る重要なパーツです。

私はこれまで20年セラピストとして活動し、のべ1万5000人ものお客様の体をケアしてきました。その中で私が感じたのが、〝お尻をケアすれば、すべてよくなる〟ということです。

ほとんどの女性のお尻は、こって硬くなっていたり、逆に弾力がなくフニャフニャしていたり、冷えていたりします。でも、お尻をほぐせば、お尻がプリッと引き上がるのはもちろん、小顔になったり、やせたり、美脚になったり、冷えが改善したり、婦人科系のトラブルが改善したりと、たくさんの〝いいこと〟が

起こることに気づいたのです。

そこで、このお尻のケア方法を自宅でも手軽にできるようにと考えたのが、本書でご紹介するお尻ほぐしです。きれいになるために、あちこちのパーツをケアするのは大変ですが、このやり方ならただお尻だけをケアすれば全身が美しくなるので、忙しい人にもおすすめです。

女性は、お尻から美しくなれます。ぜひ、今日から始めてみてください。

田口　咲

お尻をほぐすと
こんないいことがある！

お尻をほぐすだけで、体や、肌、心にさまざまな〝いいこと〞が起きます。その代表的な10の効果をご紹介。たくさんのうれしい変化が起こるから、ケアしない手はない！

1 お尻の形がよくなる

お尻の筋肉が集まるミルフィーユポイント（Ｐ42参照）をほぐせば、お尻がキュッとアップ。

詳しくは → P27

2 代謝がよくなる、やせやすくなる

お尻の仙骨（Ｐ50参照）あたりをほぐすと全身の血流がよくなって代謝が上がり、やせ体質に。

詳しくは → P28

3 美脚になる

お尻の筋肉のこりをほぐすとリンパの流れもよくなり、むくみのない美脚に。

詳しくは → P28

4 冷えが改善する

ミルフィーユポイントや仙骨をほぐすと効率よく血行が促進し、末端までポカポカに。

詳しくは → P30

Oshiri Beauty

5 小顔になる

尾骨（P56参照）のあたりを刺激すると、頭部のむくみが解消。引き締まった小顔に。

詳しくは → P29

6 婦人科系の不調が改善

骨盤内の血流がよくなるので子宮や卵巣の機能が整い、婦人科系の不調が改善しやすく。

詳しくは → P31

7 美肌になる

新陳代謝がよくなるため、くすみやクマが解消。透明感が高く、ツヤのあるしっとり美肌になります。

詳しくは → P30

8 眠りの質がよくなる

仙骨をほぐすことで、この周辺を走る副交感神経が優位になり、睡眠の質がよくなります。

詳しくは → P32

Oshiri Beauty

9 O脚が改善

お尻のミルフィーユポイントをほぐすと下半身の筋肉が緩んで骨格が整い、O脚が改善。

詳しくは → P31

10 運がよくなる

お尻ほぐしをすると自律神経が整って心に余裕が生まれ、チャンスや縁や引き寄せられます！

詳しくは → P33

Contents

Chapter

お尻をほぐすといい理由

Chapter

やってみよう！ お尻ほぐし

Contents

Chapter

いつでもお尻ケア

Contents

Chapter 4

ノーマークゾーン・ケア

Chapter

1

お尻をほぐすといい理由

あなたのお尻、こうなっていませんか？

こり尻

多くの人に当てはまるのが、お尻がこりかたまって硬くなっている〝こり尻〟。現代人の多くは、長時間パソコンに向かって座りっぱなしの姿勢でいることが多いため、お尻の血流が悪くなってお尻がこりかたまっています。運動不足で体を動かす機会が少ないのも、こり尻を招く要因。また、理由はわかりませんが、便秘がちな人はお尻がこっていることがほとんどです。

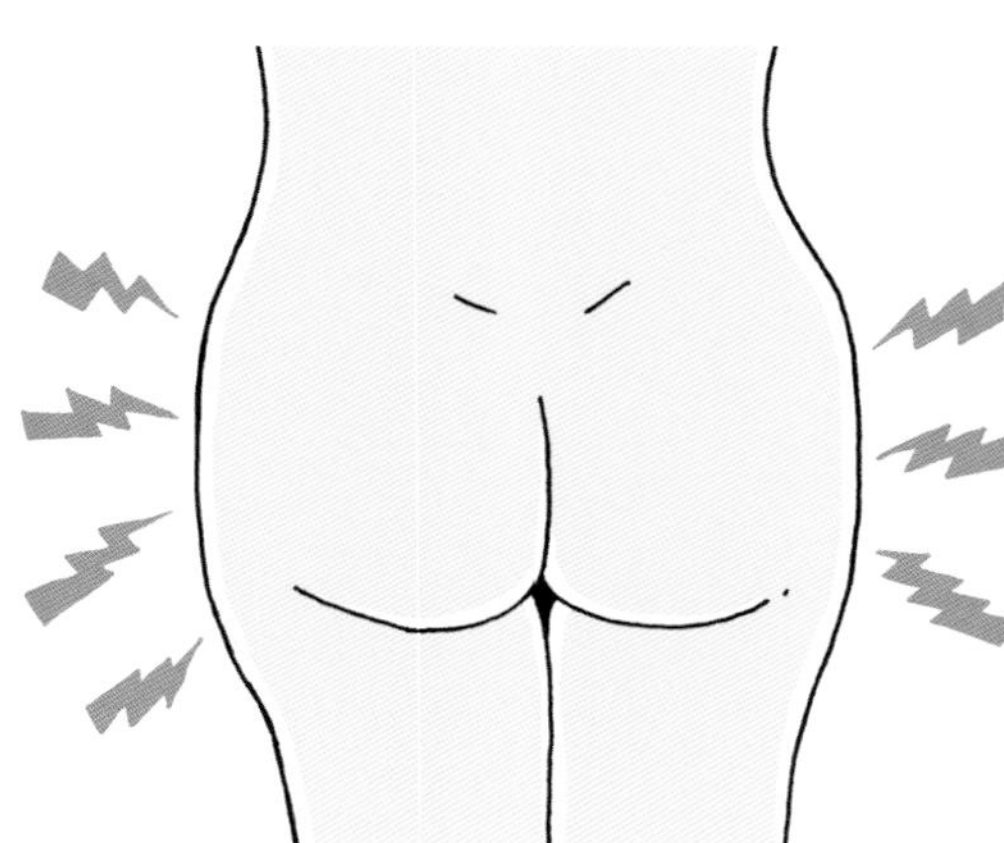

お尻がこっていると、お尻の形がくずれるのはもちろん、下半身の血流が悪くなって脚の冷えやむくみを招いたり、腰痛の原因にもなるので要注意。

冷え尻

自分のお尻を触ってみてください。冷えていませんか？ 自覚していない人が多いようですが、女性の大半は〝冷え尻〟になっています。冷え尻もこり尻と同様に、座っている時間が長かったり、運動不足だったりすることが大きな原因。また、猫背の人や睡眠不足の人、呼吸が浅い人、冷たいものをよくとる人にも、冷え尻が多いようです。冷え尻の人はお尻がこっている場合も多く、〝冷えこり尻〟になっている人も多数。婦人科系の不調も招きやすくなります。

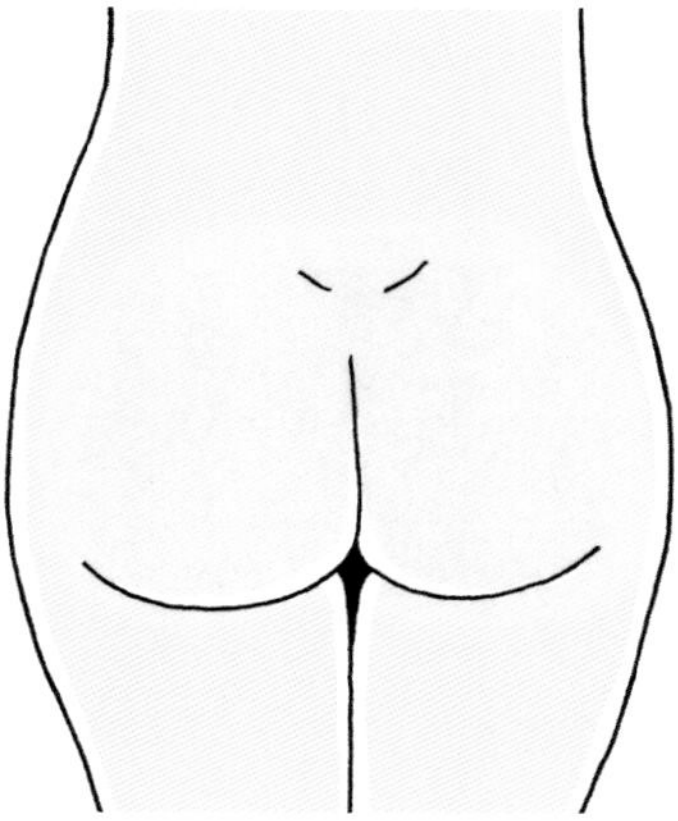

セルライト尻

お尻にデコボコとしたセルライトがある人も、多いのでは？　座り仕事や、運動不足などによってお尻の血液やリンパの流れが悪くなると、老廃物が排出されず脂肪細胞に付着し、肥大化します。これがセルライトの正体。冷え尻、こり尻の人は〝セルライト尻〟にもなりがち。また、肥満気味で脂肪が多くついていると、血管やリンパ管が脂肪に圧迫されて流れが悪くなり、セルライトができやすくなります。

げっそり尻

お尻は、桃のようにふんわりとした丸みがある立体的な形が理想的。でも極端に運動不足だと、お尻の筋

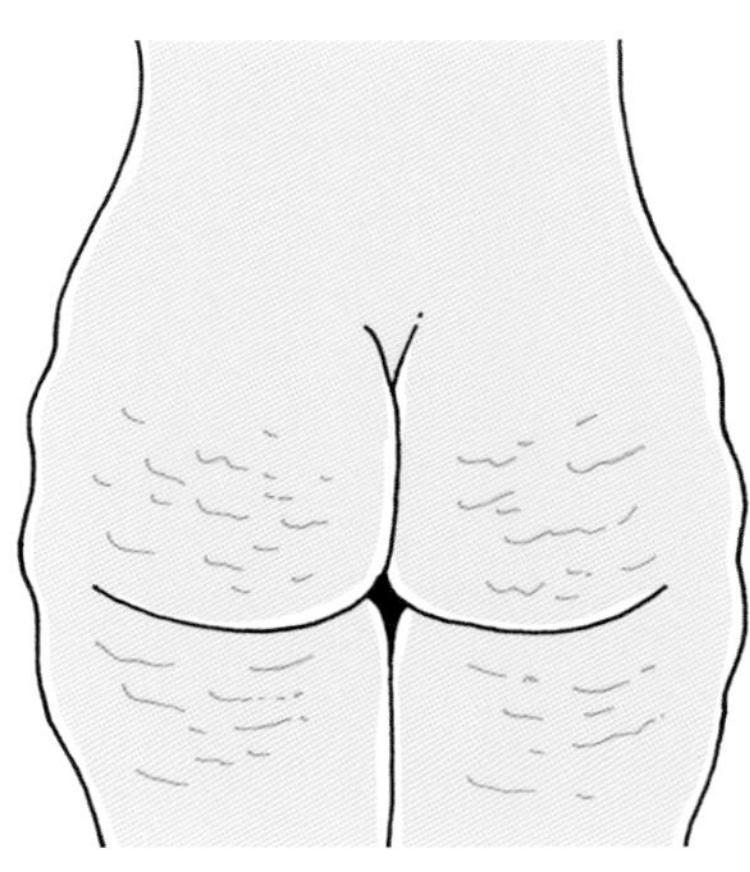

肉が減ってしまい、お尻にふっくらした丸みが出ず、扁平な〝げっそり尻〟に。これでは女性らしさが失われてしまい、残念。極端なダイエットをしていたり、偏った食生活で筋肉の材料となるタンパク質が不足していても、げっそり尻になりやすいのでNG。

垂れ尻

運動不足だと、お尻の筋肉が減ってしまい、お尻の位置が下がって太ももとの境目がなくなってしまう〝垂れ尻〟にもなりやすくなります。普段、ひざを曲げて歩くクセがあると、お尻の筋肉が使われないため、垂れ尻を招きやすくなるので注意。また、お尻はこまめに触ってあげるだけでも引き上げられますが、普段触る習慣がないと、垂れやすくなってしまいます。

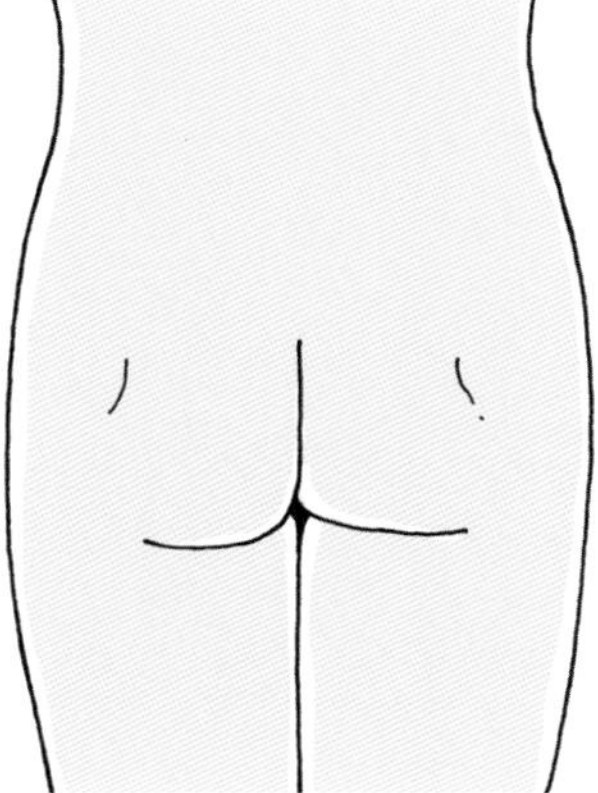

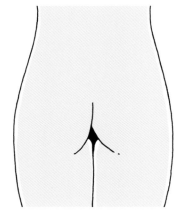

Why?

お尻って何で大事なの？

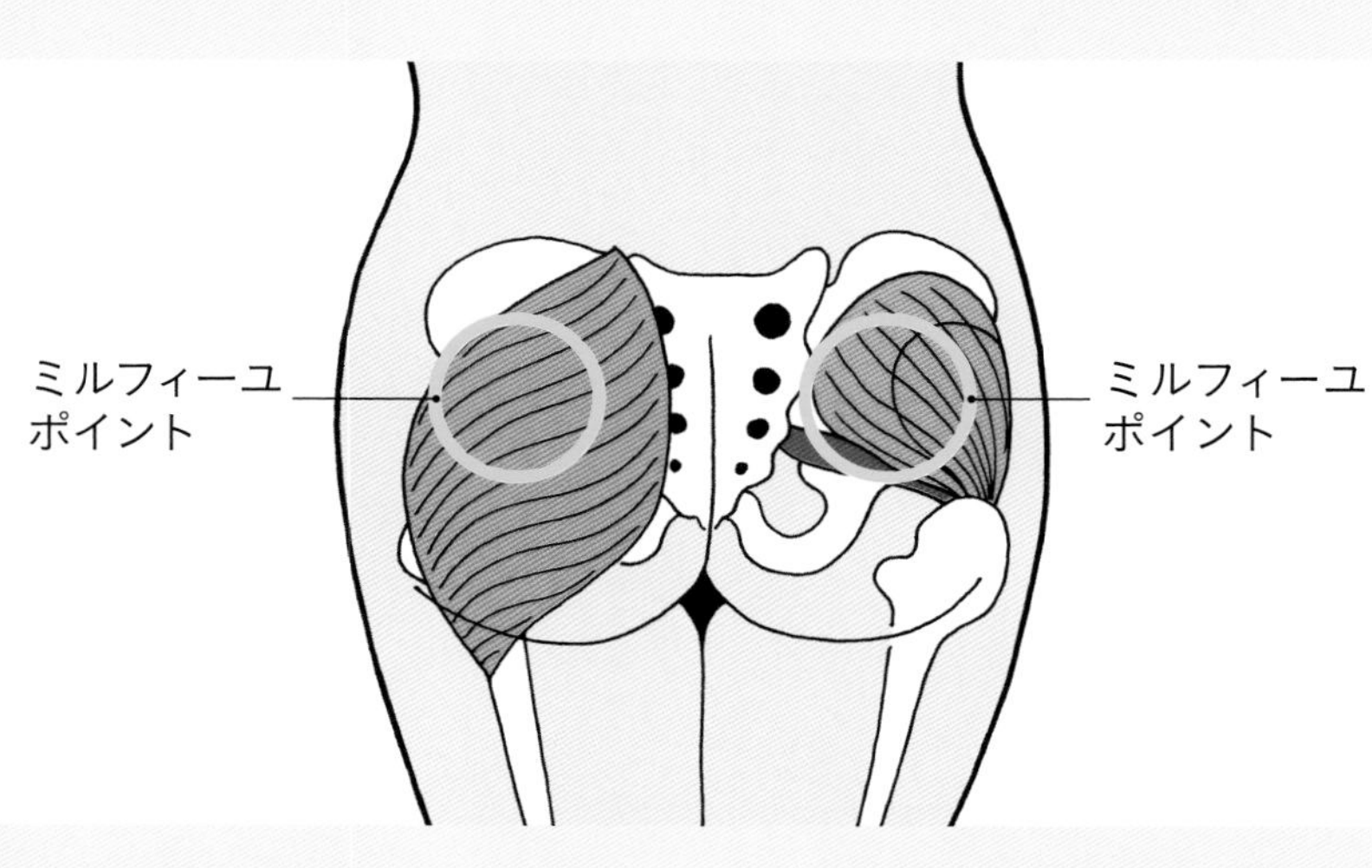

お尻には大きな筋肉が重なっている

お尻には、お尻全体を包み込む大殿筋や、上部の中殿筋、中殿筋の深部にある小殿筋など、多くの筋肉があります。これらの筋肉が重なり合っている場所がお尻の上部のやや外側にあり、これを私は「**ミルフィーユポイント**」と呼んでいます。お尻は本来、適度に弾力性があり、ほどよく柔らかいのが理想的。でも、長時間座りっぱなしでいたり、運動不足だったりすると、このミルフィーユポイントが硬くなってしまいます。**お尻は上半身と下半身のちょうど真ん中にあるので、硬くなると全身の筋肉のしなやかさも失われます。**ですから常にお尻をほぐしておくことが重要なのです。

仙骨周りには太い血管や神経、ツボが集まっている

お尻が重要なもうひとつの理由は、「仙骨」がある場所だから。仙骨は、お尻上部にある逆三角形の骨。お尻の割れ目の一番上に中指を当てたとき、手のひらに覆われる部分にあります。**仙骨は、上半身と下半身の骨をつなぎ、全身の骨格を支える土台**です。また、仙骨周りには多くの血管が集まっているうえ、骨盤内臓器につながる神経や、下半身につながる神経、自律神経の副交感神経など多くの神経が通っています。さらに、仙骨には子宮や卵巣の血流をよくし、生殖機能を高めるツボも。このため仙骨があるお尻は重要な場所なのです。ゆがみや冷えがないようにケアを。

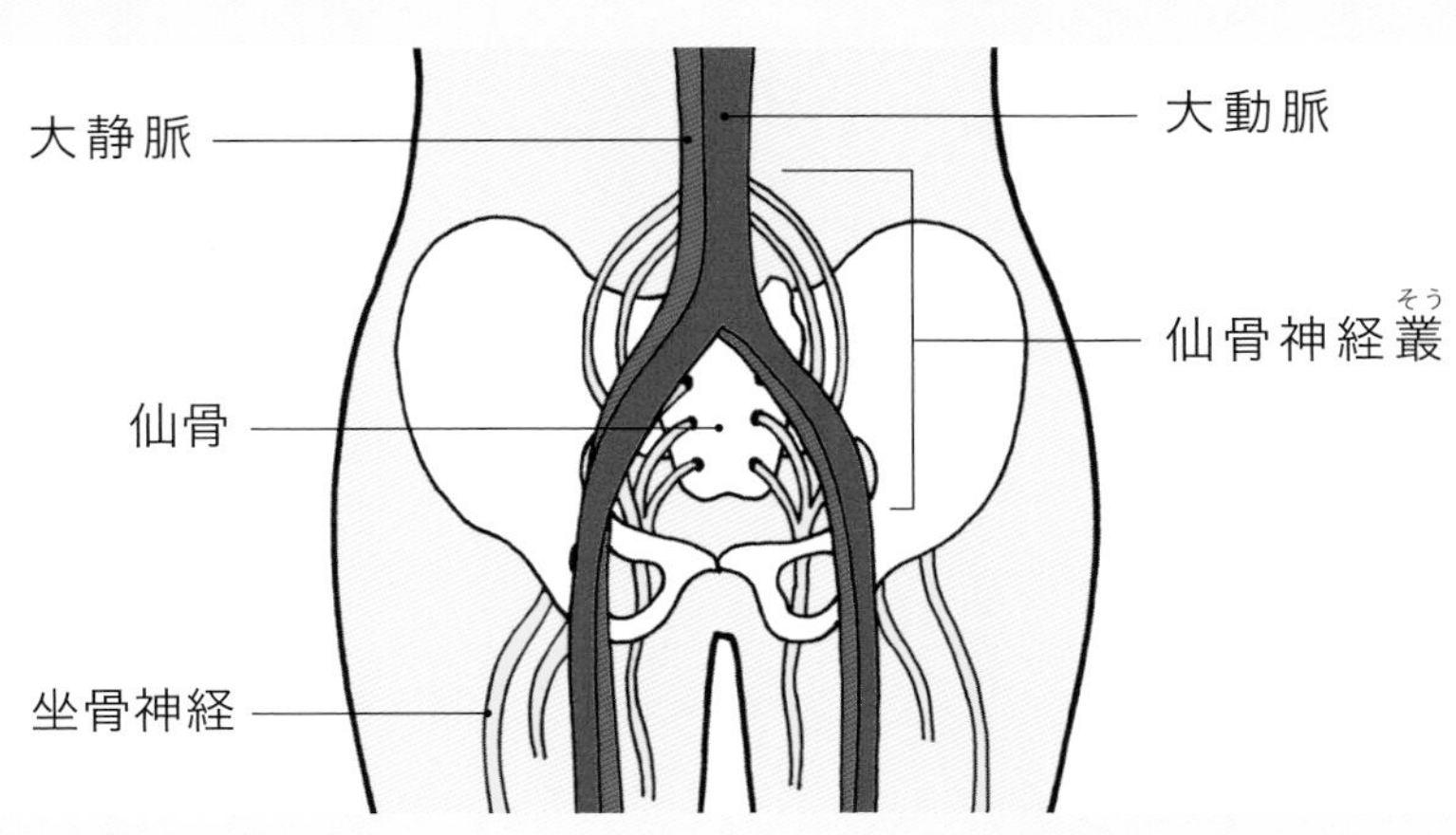

尾骨には全身を整えるポイントがある

お尻のもうひとつの重要なスポットが「尾骨」。尾骨は、脊椎の最下端の骨。尾骨と脊髄をつなぐ糸のような組織のことを「終糸（しゅうし）」といいます。脊髄は脳までつながり、そこを髄液という体液が流れています。髄液には脳や脊髄を保護する働きや、栄養やホルモンを運ぶ働きなどがあるともされています。**終糸でつながる尾骨にゆがみなどの不具合が起きると、髄液の流れが滞り、体にさまざまな不調が起こる可能性が。**私の施術では、尾骨のあたりに鍼灸をしますが、そうするとさまざまな不定愁訴（ふていしゅうそ）が改善します。

このように尾骨も非常に大切な部分なのです。

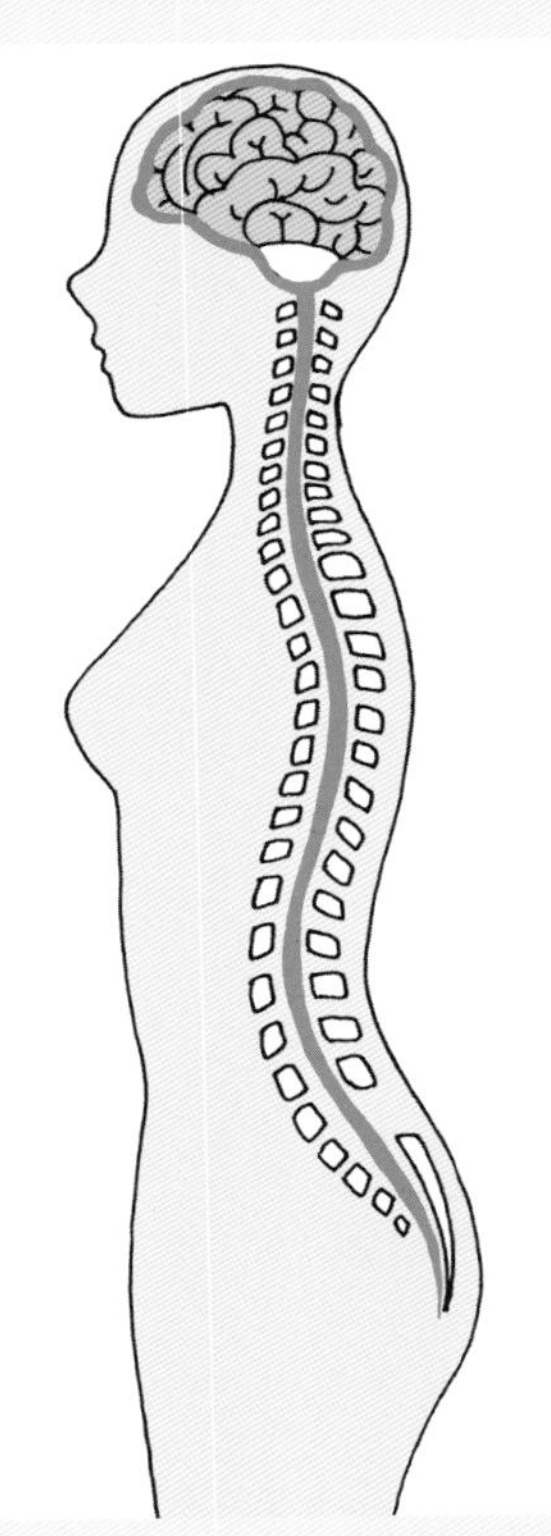

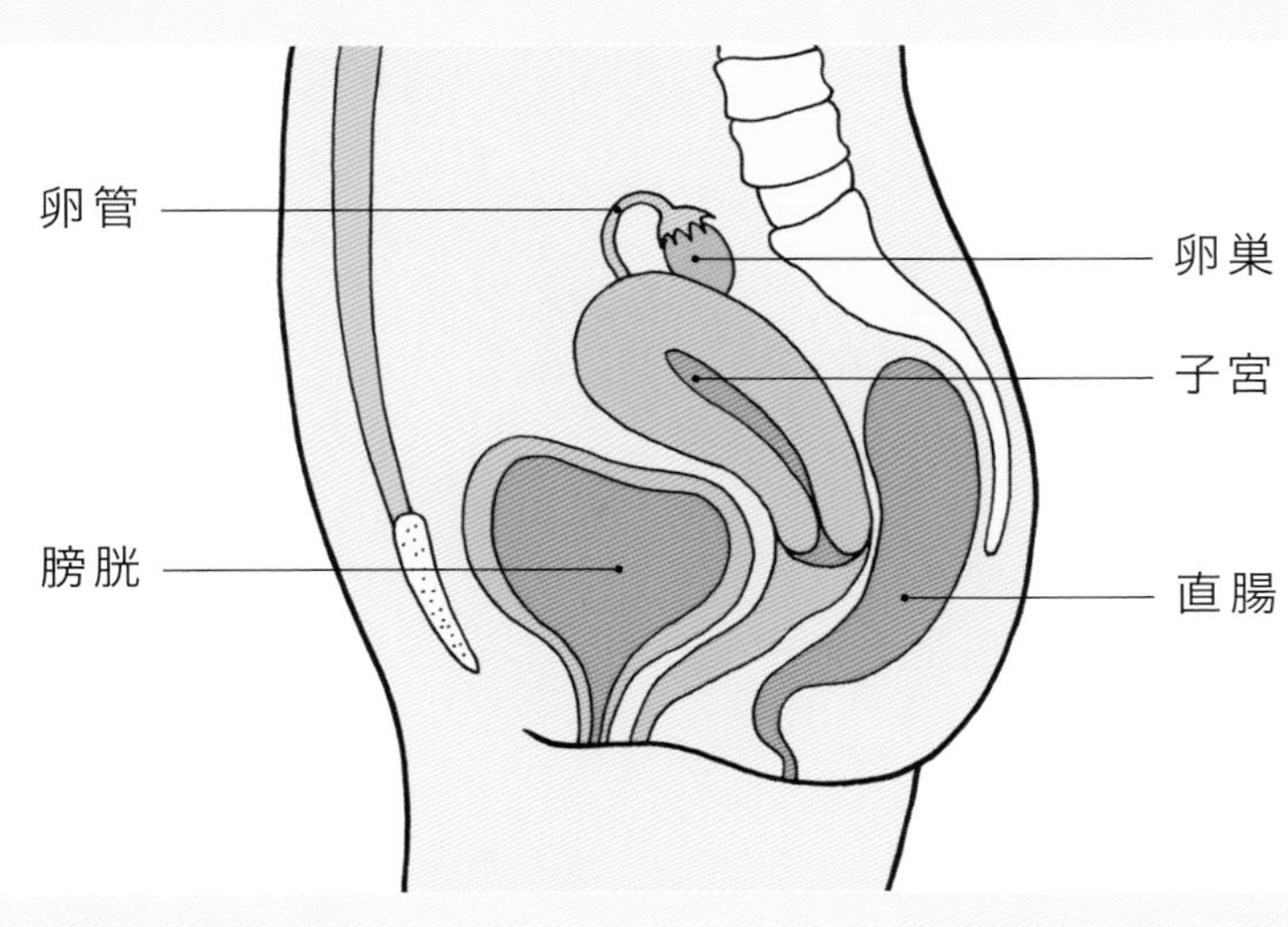

腸や子宮など、大事な臓器が近くにある

お尻は骨格の要ともいえる骨盤がある部分でもあり、その中には、腸や子宮や卵巣、膀胱などとても重要な臓器があります。そのため、お尻が冷えていたり、こって硬くなっていたり、骨盤がゆがんでいたりと何らかの問題があると、骨盤内の血流が悪くなり、これらの臓器に行く血液も減少するため、機能が低下し、さまざまな不調の原因に。ですから、**お尻をケアして常によい状態にしておくことは、不調の予防のためにも大切**なのです。

顔より脚より、まずはお尻をほぐそう！

「メリハリボディがほしい！」「小顔になりたい！」「やせたい！」「美脚になりたい！」などと、女性には多くの願望があると思いますが、そんなときは、顔より脚より、お尻をほぐしてください。なぜなら、お尻をほぐすだけで、すべての願いが叶うからです。お尻は大きな筋肉があり血管、神経などが集まっている場所なので、お尻さえほぐせば全身が整います。でも、多くの人は、お尻に老廃物がたまってこりかたまっています。こんな状態だと、筋肉にも血管にも神経にもロックがかかり、太りやすくなったり、顔や脚がむくんだり、体に不調が出たりとトラブルが続出。逆に、お尻をケアすれば、これらが改善しやすくなります。次ページから、お尻をほぐすと起きる〝いいこと〟を、詳しく解説！

お尻ほぐしのスゴイ効果

▼ヒップアップ・小尻になる

22ページでお話ししたように、お尻には、筋肉が重なっているミルフィーユポイントがあります。ここをほぐすとお尻の筋肉を一気にほぐすことができ、筋肉のポンプ作用も正しく働くようになるため、血液やリンパの流れがスムーズになります。その結果、こりかたまって下がっていたお尻に弾力が生まれ、キュッと引き上がって、ふっくらと丸みのある美尻に。老廃物の排出も促進するため、お尻のむくみが解消し、ほどよく締まった小尻にもなります。お尻の皮膚がスベスベにもなって、理想的な女性らしい桃尻になるのです。

代謝がよくなる、やせやすくなる

お尻にあるミルフィーユポイントをほぐすと、お尻の大きな筋肉が一気にほぐれて筋肉のポンプ作用が正しく働くようになるので、血流がよくなります。

また、**お尻の仙骨のあたりは、太い血管が多く集まっている部分**。ここを刺激すると血行がよくなり、これによっても血行が促進。全身の血流がアップして代謝が上がります。

また、尾骨のあたりを刺激すると髄液の流れがよくなり、これも代謝アップにつながります。これらによって、やせやすい体になるのです。

脚のむくみがとれる

脚の血液やリンパ液は、筋肉が収縮してポンプのように働くことで、心臓に向かって押し流されますが、筋肉が衰えていたり、硬くなっていたりすると、流れが滞ってしまい、老廃物が排出されず、むくみを招きます。

でも、**お尻のミルフィーユポイントをほぐすと、お尻の筋肉だけでなく、それとつながる脚の筋肉もほぐれるため、**筋肉のポンプ作用が正しく働くようになり、滞っていた血液やリンパ液の流れがスムーズに。そのため老廃物の排出も促され、むくみが解消するのです。むくみ太りしていた脚が細くなり、スッキリとした美脚になります。

小顔になる

右ページでも触れたように、**尾骨のあたりを刺激すると髄液の流れがよくなります。**髄液は、脳を包み込んで保護する役割があり、流れがよくなると頭部全体のむくみが解消し、顔のむくみもとれて、ひと回り顔が小さくなるのです。

また、お尻のミルフィーユポイントをほぐすことでも、全身の筋肉がほぐれて、血液やリンパの流れがよくなる効果が期待できるので、顔のむくみが解消しやすくなります。

▼冷えが改善、美肌に

多くの筋肉が重なるお尻のミルフィーユポイントや、血管が集まる仙骨、終糸のある尾骨のあたりをほぐすと、お尻はもちろん、全身の血流がよくなるため、冷えが解消しやすくなります。

肩こりや首こり、頭痛など、血行不良が原因で起こりやすい不調も改善。また、血行がアップすると新陳代謝もよくなるので、くすみやクマが解消。透明感のあるツヤツヤ美肌になります。

婦人科系の不調が改善

ストレスや不規則な生活、冷えなど、さまざまな理由によって女性ホルモンの分泌は乱れがち。すると生理不順や生理痛、不妊などさまざまな婦人科系の不調が起きやすくなります。

お尻のミルフィーユポイントや仙骨周りをほぐすと、**骨盤内の血流がよくなるので、子宮や卵巣への血液の巡りがよくなり、機能が整います。**また、仙骨には子宮や卵巣の機能を整え、生殖機能を高めるツボもあるので、刺激するとその効果も得られます。これらによって婦人科系の不調が改善しやすくなるのです。

O脚が改善しやすくなる

日本人女性に多いのがO脚です。脚の外側に重心をかけるクセがあると、外側の筋肉が発達して、逆に内側の筋肉は衰えるため、脚が外側に開きやすくなってしまいます。すると筋肉に引っ張られてひざも外側に向いてしまい、O脚になってしまうのです。

お尻の大きな筋肉が重なっているミルフィーユポイントをほぐすとお尻から下半身にかけての筋肉が緩んで、外向きのままかたまっていた脚の筋肉や骨が正しい位置に戻ります。このためO脚が改善しやすくなるのです。

眠りの質がよくなり、気持ちが落ち着く

お尻の仙骨とその周りには、多くの神経が通っていて、そのひとつが自律神経の副交感神経です。自律神経には、交感神経と副交感神経の2つがあり、おもに日中の体が活動モードのときに優位になるのが交感神経で、夕方から夜の体がリラックスモードのときに優位になるのが副交感神経です。ただ、現代人は夜遅くまで忙しく働いていたり、深夜までスマホやパソコンなどを見ているため、夜になっても交感神経が優位のままになりがち。そのため寝つきも悪くなり、睡眠の質が下がるのです。

仙骨周りをほぐすと、副交感神経が優位になるので心身がリラックスし、寝つ

きがスムーズに。眠りが深くなって睡眠の質も向上します。気持ちも落ち着き、ストレスも解消しやすく。

運がよくなる！

私のサロンに来られるお客様にお尻のケアをすると、なぜかみなさん、仕事で出世したり、収入が増えたり、恋人ができたり、結婚が決まったりと、開運していきます。おそらく、お尻のケアで自律神経が整うことで心に余裕ができ、判断力が高まったり、仕事の効率が上がったり、勘が鋭くなったり、笑顔でいることが増えたり、人への思いやりを持てるようになったりするため、いい縁が運ばれてくるからだと思います。このように、**お尻ほぐしは、Happyをもたらしてくれるのです。**

触れば触るほど、お尻はこたえてくれる！

ほとんどの人が、自分のお尻をあまり触ることがないと思います。でも、**皮膚は体の中で最大の感覚器官**なので、触れるだけでそこに刺激が伝わります。

子供の頃、お腹が痛いときなどに、お母さんが優しくなでてくれただけで、痛みが治ってしまったという経験がある人も多いのではないでしょうか？　これは、皮膚は触られるだけでその刺激を敏感に感じ取り、副交感神経が優位になって心身がリラックスするからです。

ですから**お尻もぜひ、こまめに触るクセをつけて**ください。触っているだけでお尻は喜び、キュッと引き上がりますし、肌質もなめらかになります。お尻は、触れば触るほどこたえてくれて、美しくなるのです。

自分のお尻、毎日ちゃんと見てますか？

お尻を毎日見てあげると、お尻が喜んで、それだけで美尻になっていきますよ

お尻は背中側にあり、自分ではあまり見ない部分。お尻が垂れていても、自分ではなかなか気づきにくいものです。そうして目を向けないでいると、どんどん形がくずれてしまいます。でも後ろにいる人からはお尻は最も見られる部分なので、くずれが一目瞭然。これでは、どんなにおしゃれをしていても見た目の印象がマイナスに。ですからぜひ、毎日、お尻を見るようにしてください。後ろを振り返って上からお尻を見るだけでなく、全身鏡で見たり、スマホで低い位置から自分のお尻を自撮りすることがおすすめです。お尻は〝もっと視線を向けて〟と願っているので、毎日見ると、お尻は喜び、それだけできれいになっていきます。〝可愛いお尻だね〟と愛でてあげると、さらに効果がアップしますよ。

Oshiri Beauty

Chapter 2

やってみよう！お尻ほぐし

お尻ほぐしは、自分でやってもきちんと効果が出る！

私は長年、多くの方々のお尻をケアしてきましたが、お尻をほぐすとみなさん、きれいになったり、元気になったりしていくので、その効果の高さに私自身も驚き、〝お尻ってすごい‼〟とかねがね思っていました。

そこで、この効果をセルフケアでも得ることができれば……と考えたのが、この章でご紹介する、自分で手軽にできるお尻ほぐしです。

次ページから具体的なやり方をご紹介していきますが、ポイントは、お尻の中で最も重要な、「ミルフィーユポイント」、「仙骨周辺」、「尾骨周辺」の３つの部分にアプローチしていくことです。

どのパーツも、特別な道具を使うことなく刺激するだけなので、とても簡単。運動が苦手な人でも無理なく実践できます。

ほぐすべき部分を知ってケアすれば、私が普段、サロンで行っている施術と同じような効果が得られます。

1回でも効果を実感できると思うので、さっそく始めてみてください。

ほぐす場所が
きちんとわかれば、
サロンと同じ効果を
得られます!

お尻
ほぐしで

アプローチするのはこの3ヵ所

お尻ほぐしでアプローチするのは、左の3ヵ所。この3ヵ所をケアするだけで、美と健康への効果が絶大。場所をしっかりとらえて！

1

ミルフィーユポイント

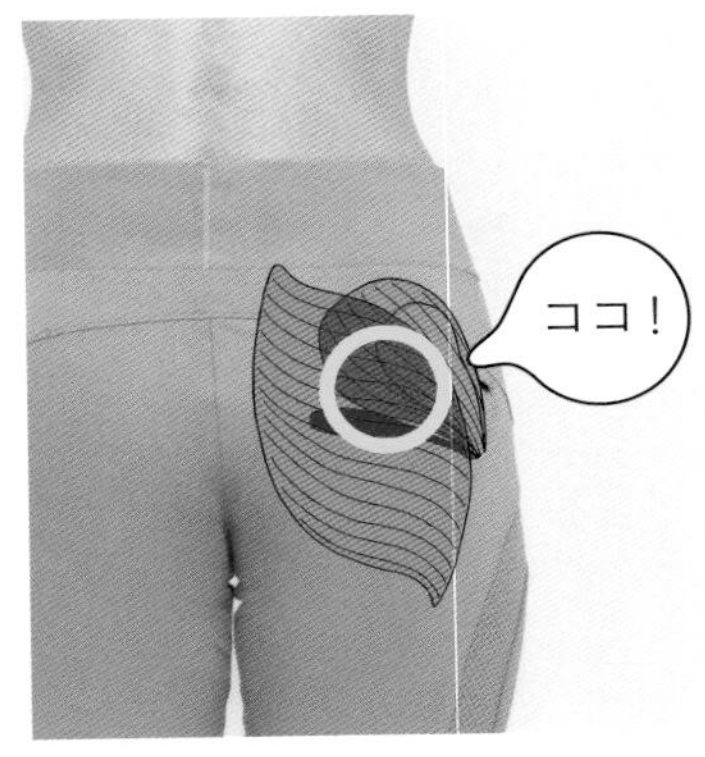

お尻の筋肉が
重なっている場所

こりが一気にほぐれて
お尻が**引き上がる！**

go to P.42

たったの3分で
できちゃいます！

2 仙骨周辺

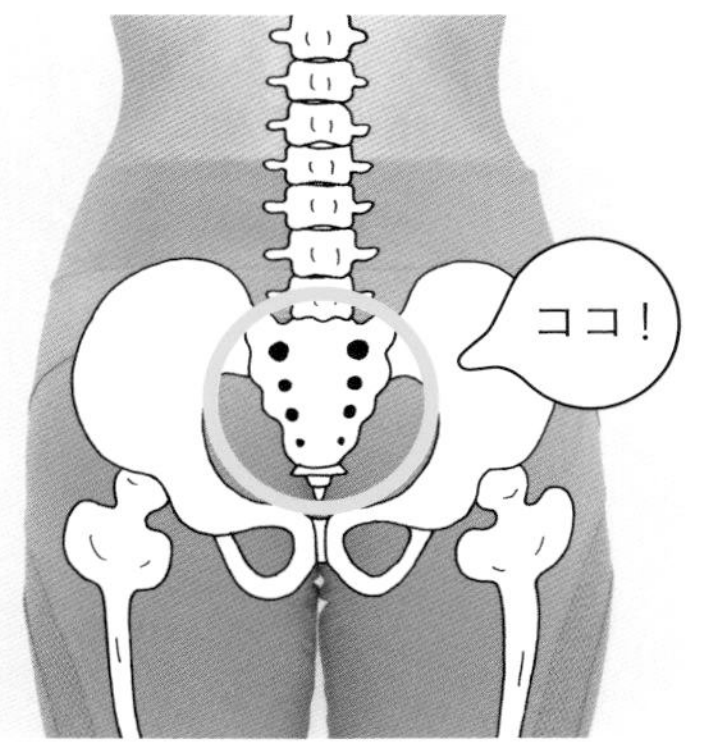

太い血管や神経が
集まっている場所

血流がよくなり、
代謝がアップ！

go to P.50

3 尾骨周辺

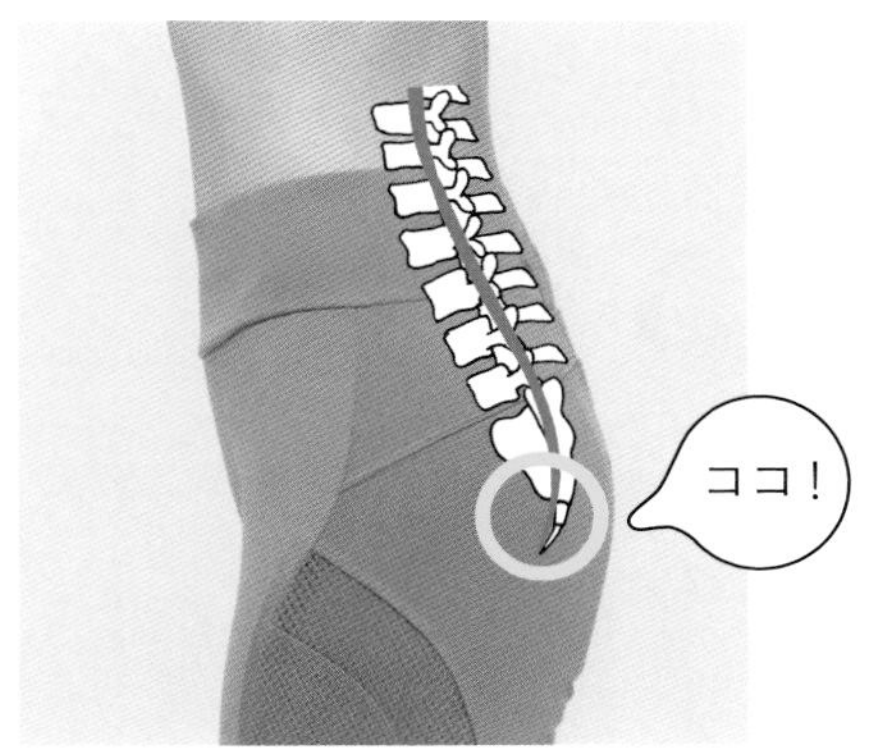

終糸で脊髄に
つながる場所

むくみがとれて、
体がスッキリする！

go to P.56

お尻ほぐし

ミルフィーユポイントほぐし

ほぐすと筋肉が一気に緩み、お尻のたるみや冷えが改善

ミルフィーユポイントは、お尻の左右それぞれの上部のやや外側にあり、大殿筋、中殿筋、小殿筋など多くの筋肉がミルフィーユのように重なっている部分。ここをほぐすと、お尻はもちろん、硬くなっていた全身の筋肉が一気に緩み、筋肉のポンプ作用が正しく働き、血液やリンパの流れが促進。ヒップアップするだけでなく、冷えやむくみも改善。脚の筋肉のバランスも整い、O脚も改善しやすくなります。

Check!

ミルフィーユポイントって どんな場所？

- お尻の多くの**筋肉が重なる**場所
- ほぐすと全身の筋肉が効果的に緩み、**血液・リンパの流れが促進**する

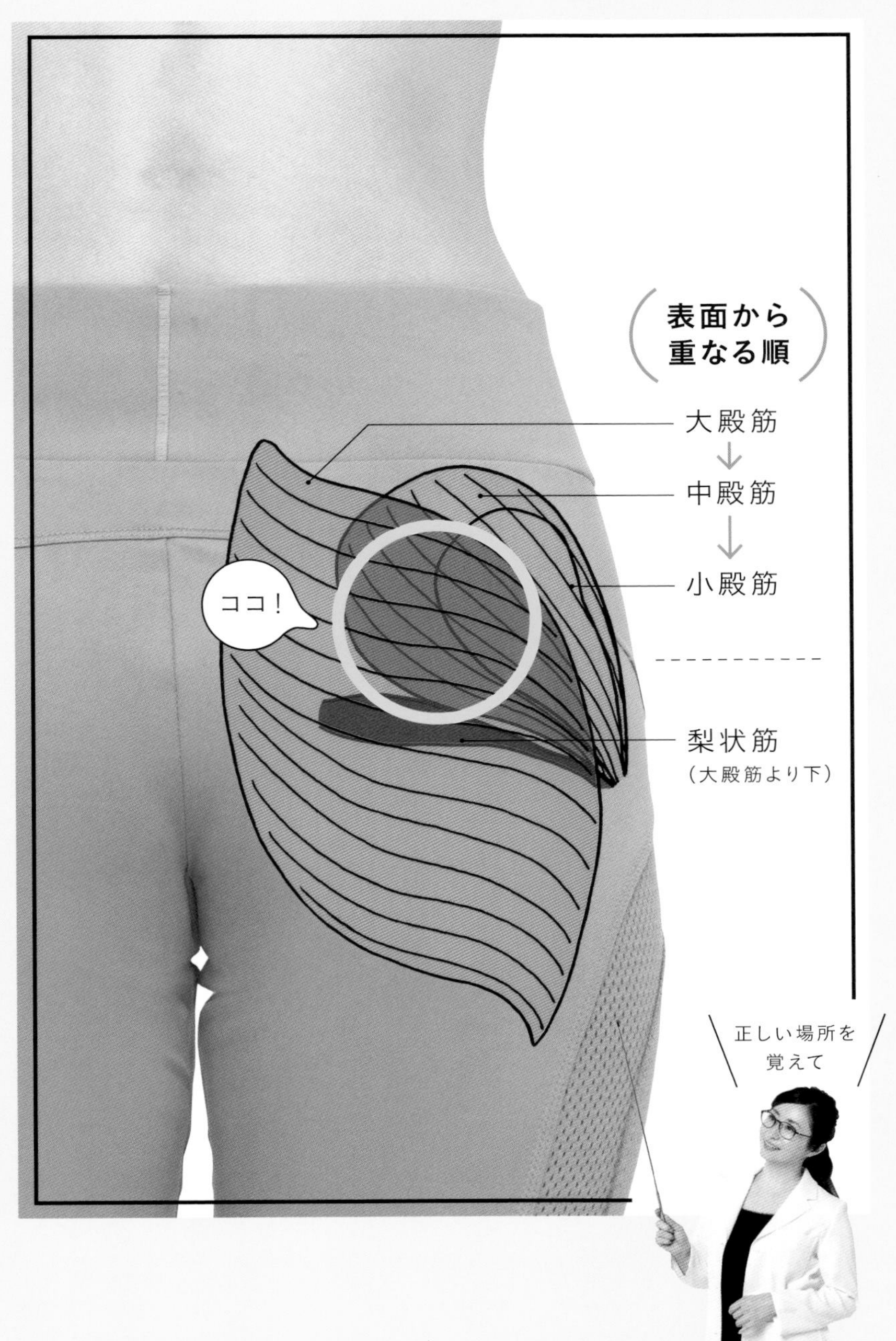
表面から
重なる順
大殿筋
中殿筋
小殿筋
梨状筋
（大殿筋より下）
ココ！
正しい場所を
覚えて

Check!
ミルフィーユポイントの探し方

左右の手の親指を中央
に寄せて合わせます。

左右の腰骨の上辺に
左右の手を当てます。

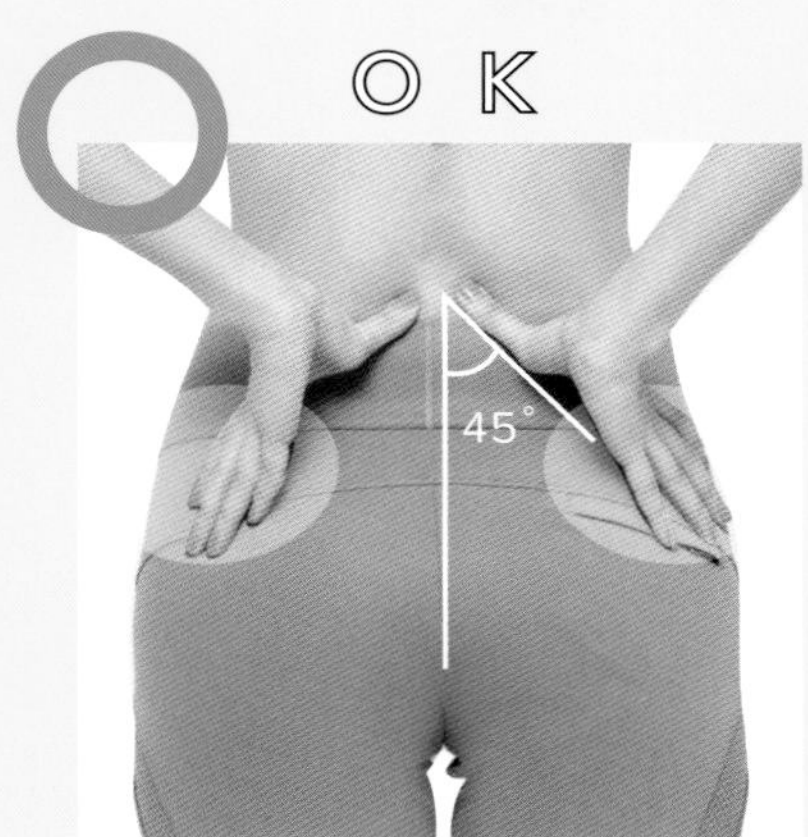

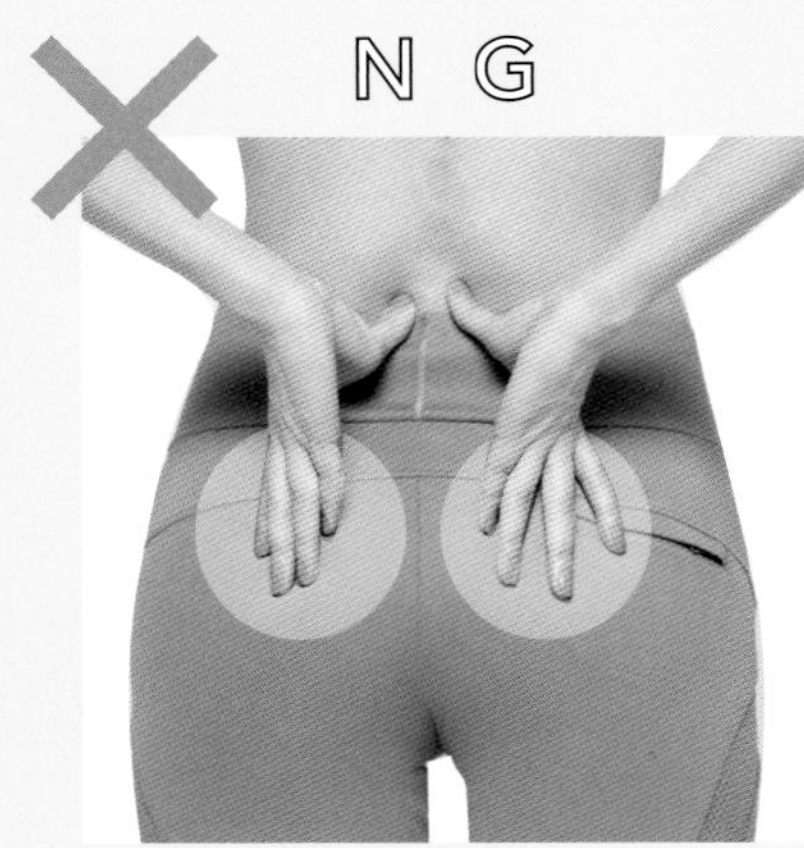

親指以外の指を斜め 45 度に
下ろしたあたりの、**押すと痛い部分**が
ミルフィーユポイント。

基本の ミルフィーユポイントほぐし

Start!

1 横座りに

両脚を左に出して
横座りをする

床に座り、ひざを軽く曲げ、両脚を左に出して、横座りをします。

2 手をつく

右ひじ下と、
左手で体を
支える

右のひじ下を床につけ、左手は軽く床に置き、体を支えます。大転子（股関節外側の張り出した部分）が床に当たって痛む人は、タオルを敷いて。

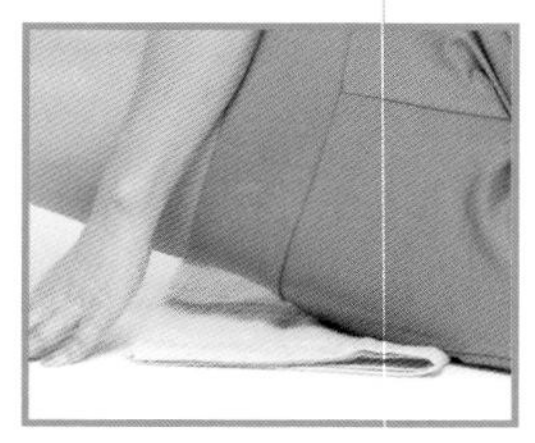

痛い場合は
タオルを敷いて

3（脚を揺らす）

左右
各5回

ココが
ほぐれる！

両ひざを立てる、倒すを繰り返し、脚を揺らす

両ひざを軽く曲げたまま、ひざを立てたり、倒したりして脚を揺らしましょう。これを5回。この動作でミルフィーユポイントが刺激され、ほぐれます。反対側も同様に。

後ろから見ると……

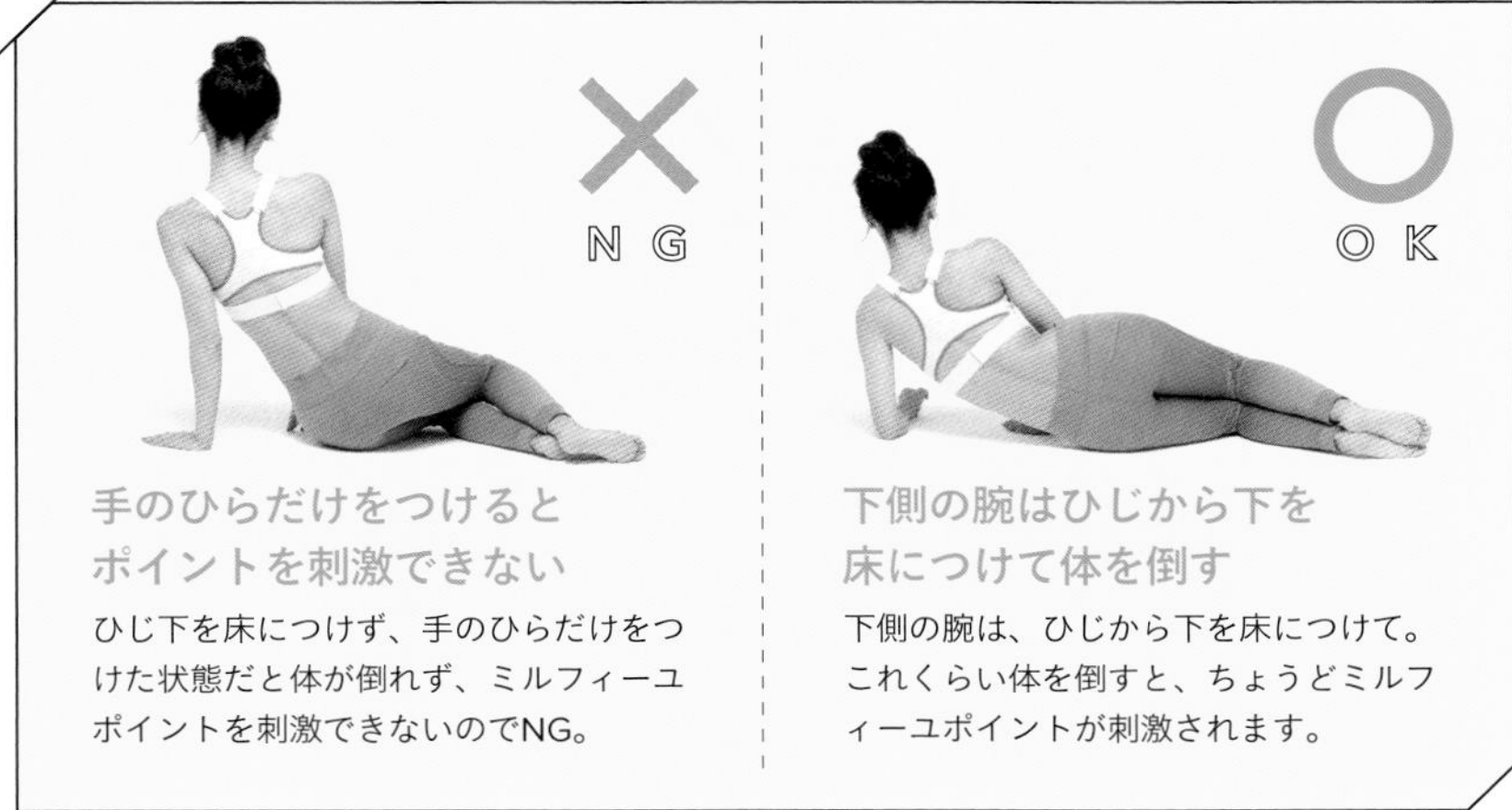

手のひらだけをつけるとポイントを刺激できない

ひじ下を床につけず、手のひらだけをつけた状態だと体が倒れず、ミルフィーユポイントを刺激できないのでNG。

下側の腕はひじから下を床につけて体を倒す

下側の腕は、ひじから下を床につけて。これくらい体を倒すと、ちょうどミルフィーユポイントが刺激されます。

Let's!
ミルフィーユポイントほぐし応用編

座って行う場合

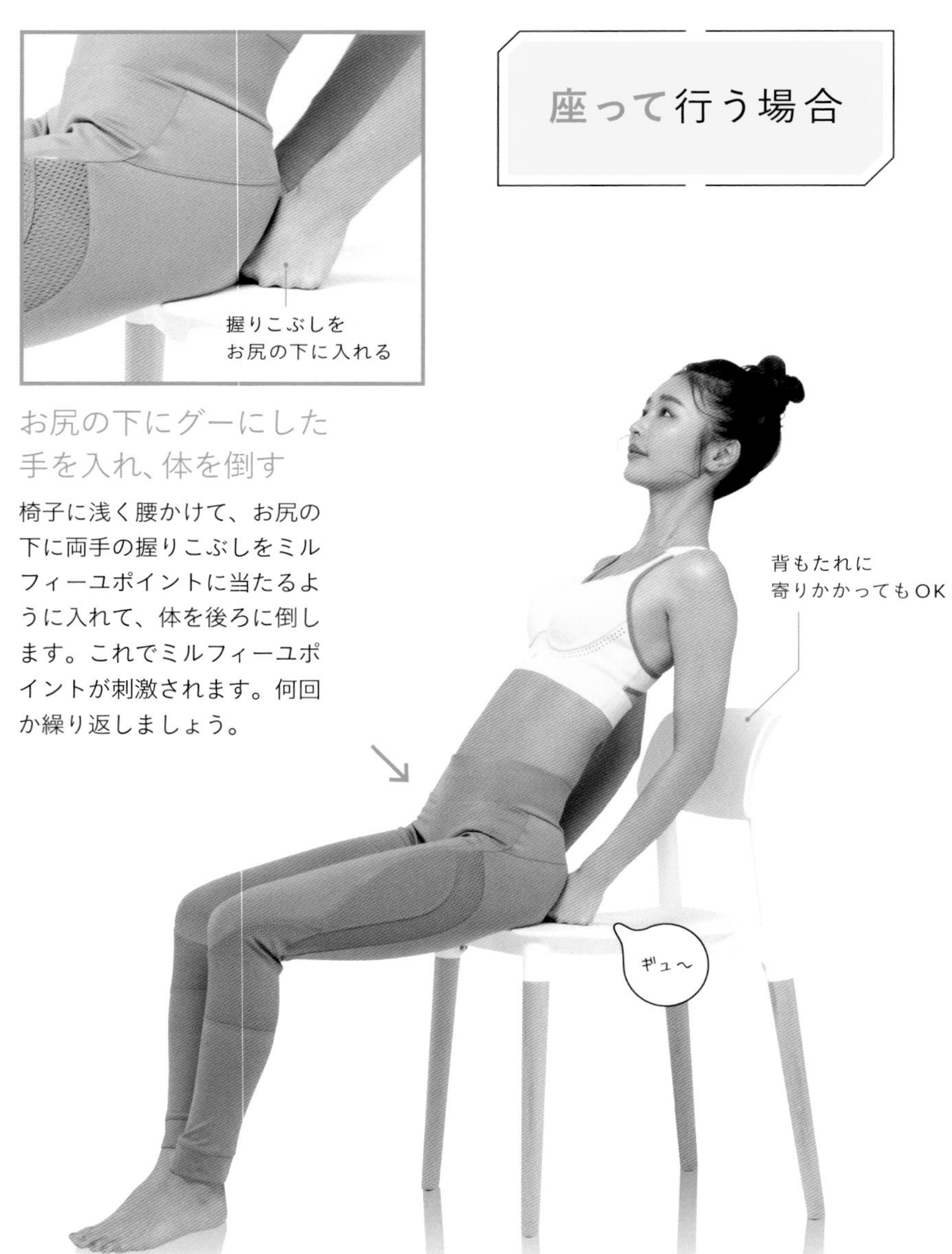
握りこぶしを
お尻の下に入れる
背もたれに
寄りかかってもOK
ギュ～

お尻の下にグーにした手を入れ、体を倒す

椅子に浅く腰かけて、お尻の下に両手の握りこぶしをミルフィーユポイントに当たるように入れて、体を後ろに倒します。これでミルフィーユポイントが刺激されます。何回か繰り返しましょう。

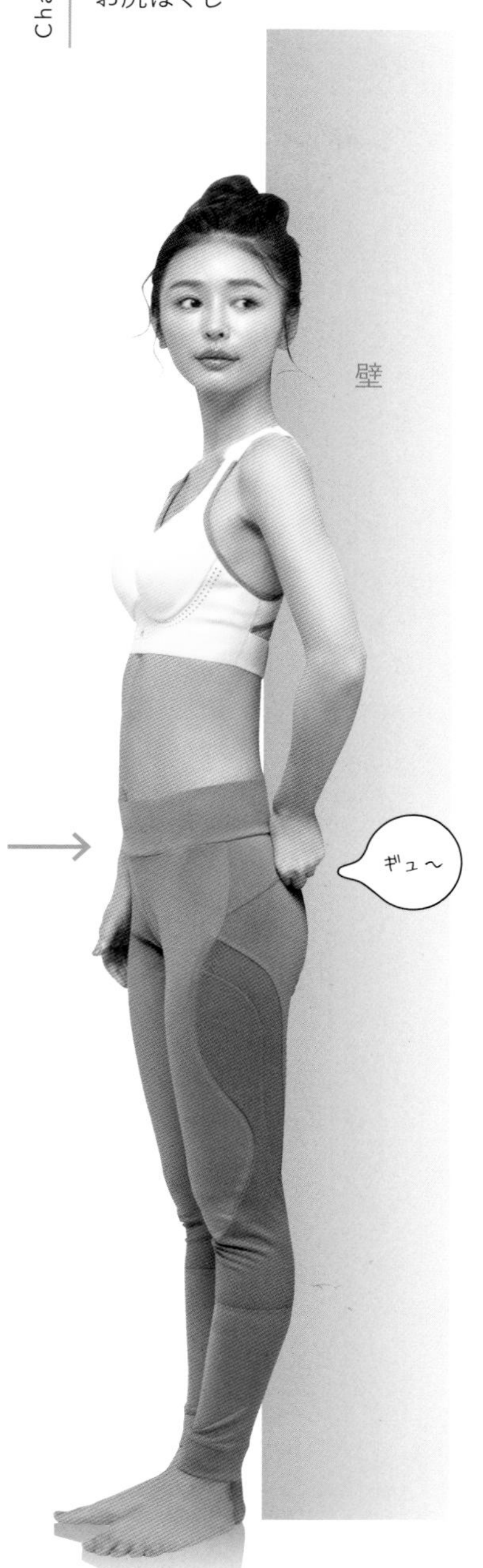

立って行う場合

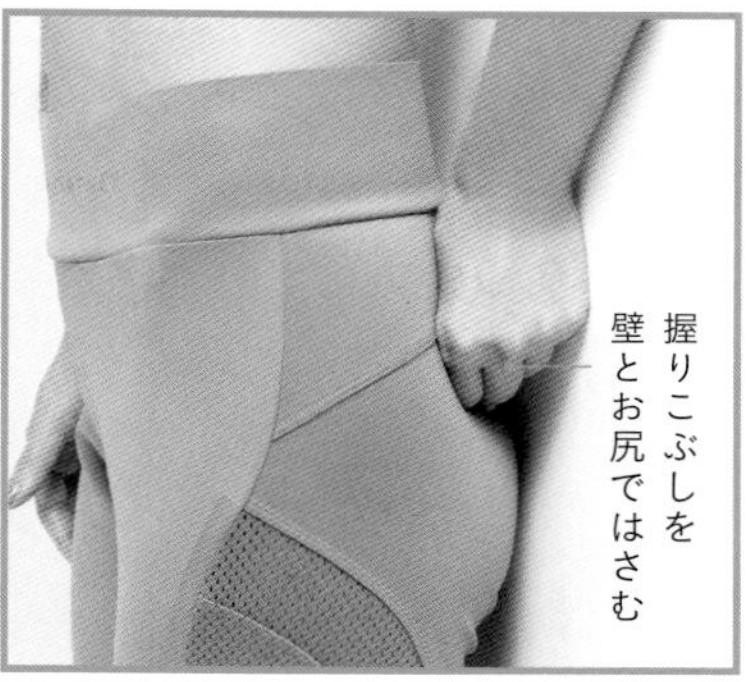

お尻と壁の間に握りこぶしを入れ、体重をかけて刺激

壁の前に立ち、片側のお尻のミルフィーユポイントの高さの壁に握りこぶしを当てる。体を壁のほうに倒して体重をかけ、ミルフィーユポイントを刺激。何回か繰り返しましょう。反対側も同様に。

お尻ほぐし 2

仙骨周辺ほぐし

仙骨ってどんな場所？

- 太い血管が集まっている
- 骨盤内臓器につながる神経が通っている
- 子宮や卵巣の機能を高めるツボがある

冷え改善、小顔、婦人科系の不調改善などうれしい効果が！

仙骨は、お尻の上部の中央にある逆三角形の骨。お尻の割れ目の一番上に中指を当てたときに、手のひらで覆われる場所にあります。仙骨は太い血管が集まっている部分であり、骨盤内臓器につながる神経や副交感神経など多くの神経が通っている場所。また、子宮や卵巣の機能を高めるツボもあります。仙骨周りをほぐすと、冷えやむくみの改善、小顔、婦人科系の不調の改善、精神の安定など多くの効果が得られます。

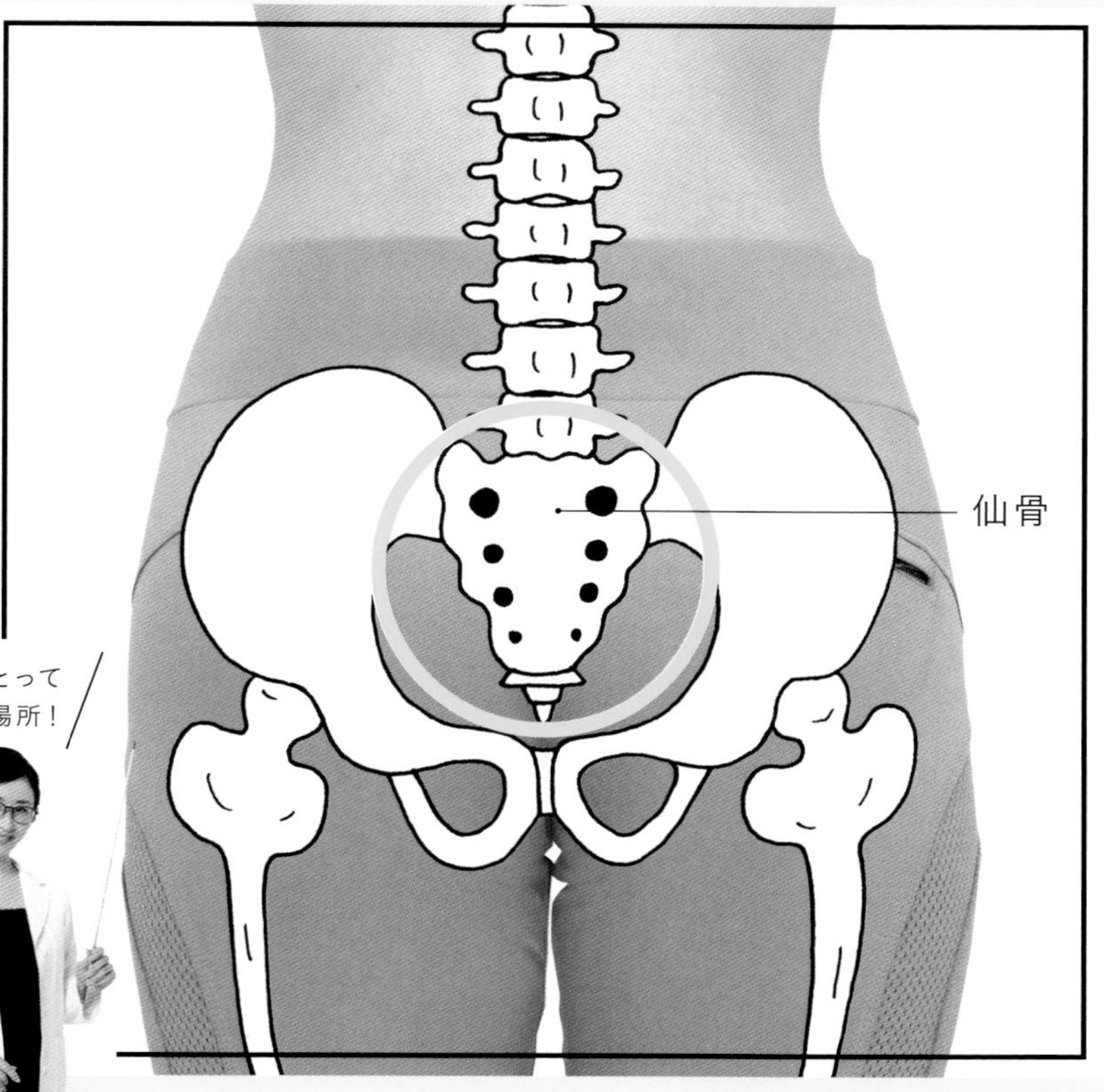

仙骨

女性にとって
大事な場所！

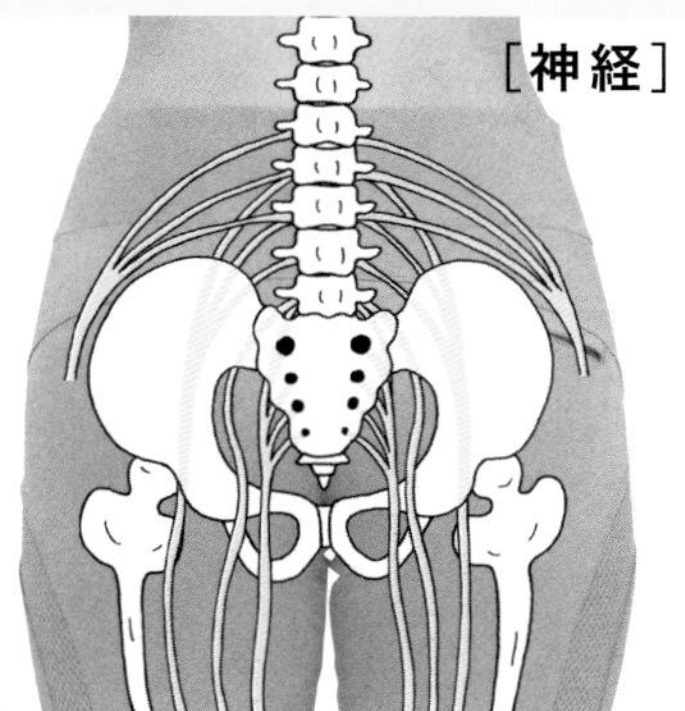

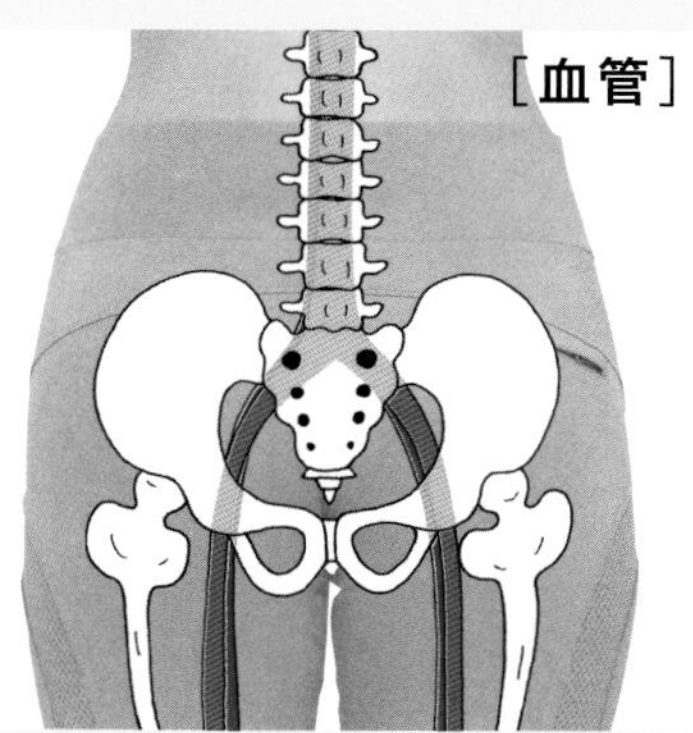

基本の仙骨周辺ほぐし Start!

1（基本の姿勢）

動画で解説

この3点が床に
当たるように

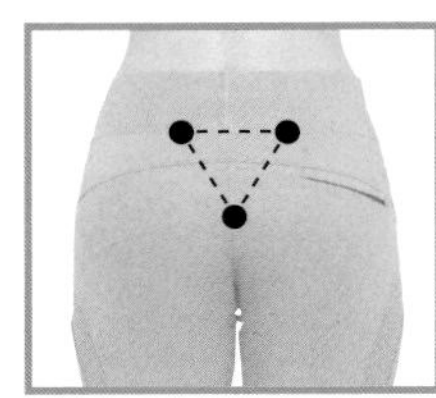

仰向けで両手で両ひざを抱える

仰向けになり、両ひざを曲げて両手で抱えます。目線は天井へ向け、肩の力を抜いてリラックス。

痛い人はタオルか
ヨガマットを
敷いてください！

反り腰の人は……

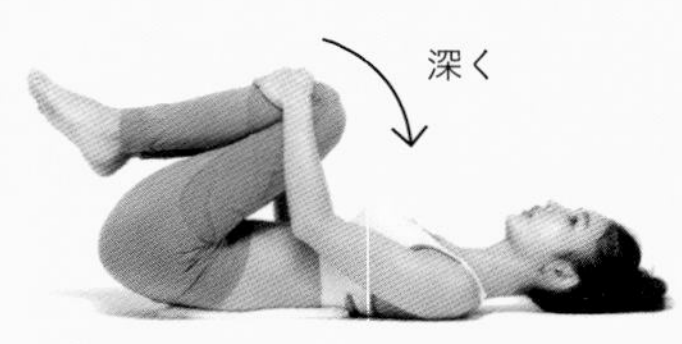

お尻を浮かせてしっかり丸める

股関節を深く曲げて、お尻が浮くくらいひざを引き寄せてしっかり抱えると、仙骨が床に当たり、ほぐしやすくなります。

曲げ方が浅いと腰が浮く

反り腰の人は、両ひざを抱えるとき、股関節の曲げ方が浅いと、腰が浮いてしまい、仙骨がうまく刺激できない場合が。

2（仙骨まわし①）

両ひざを揃えて回す

両ひざを揃えて、左回しに小さくひざを3回回します。仙骨を床から離さずに回しましょう。次に右回しも同様に。

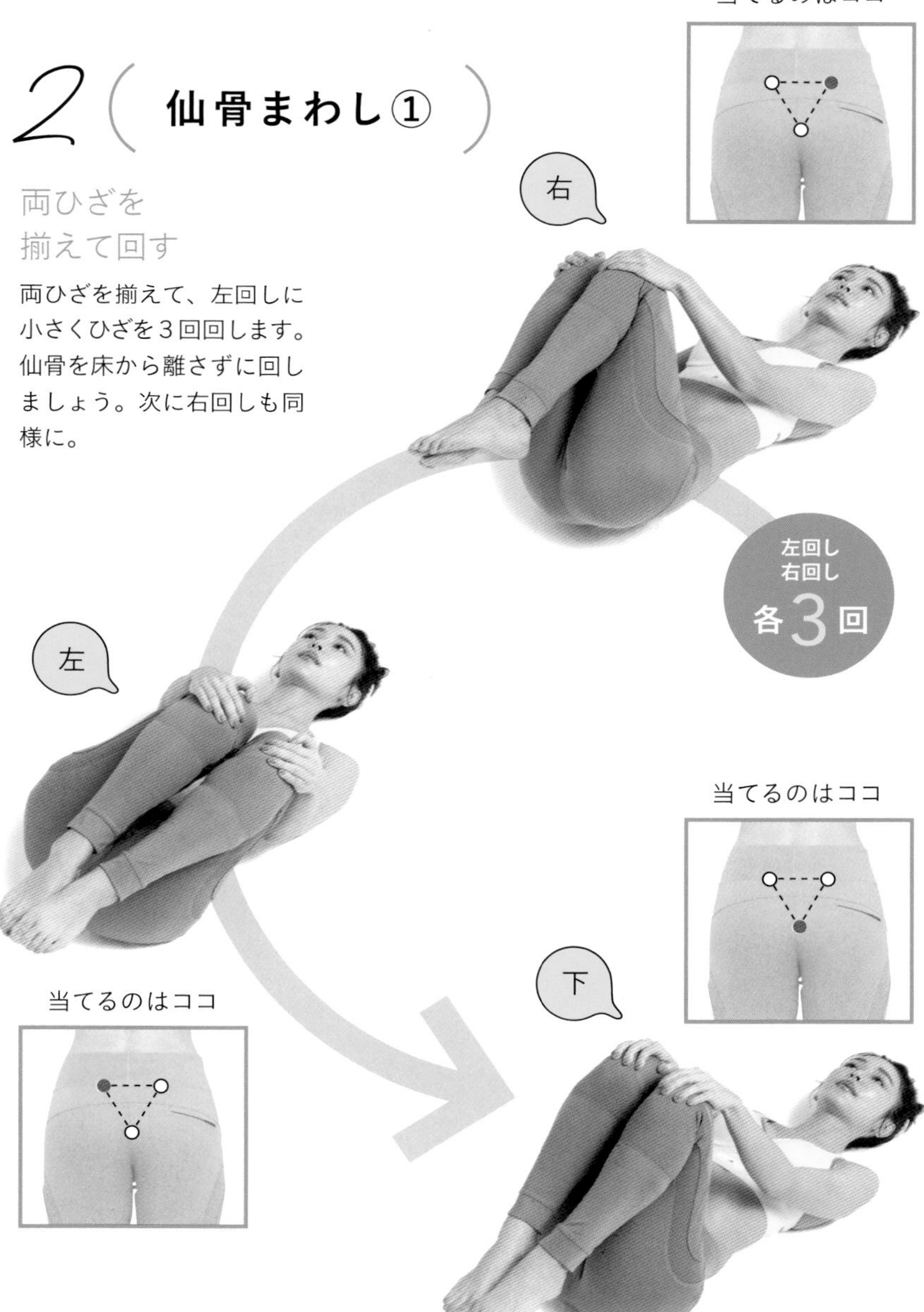

3 仙骨まわし②

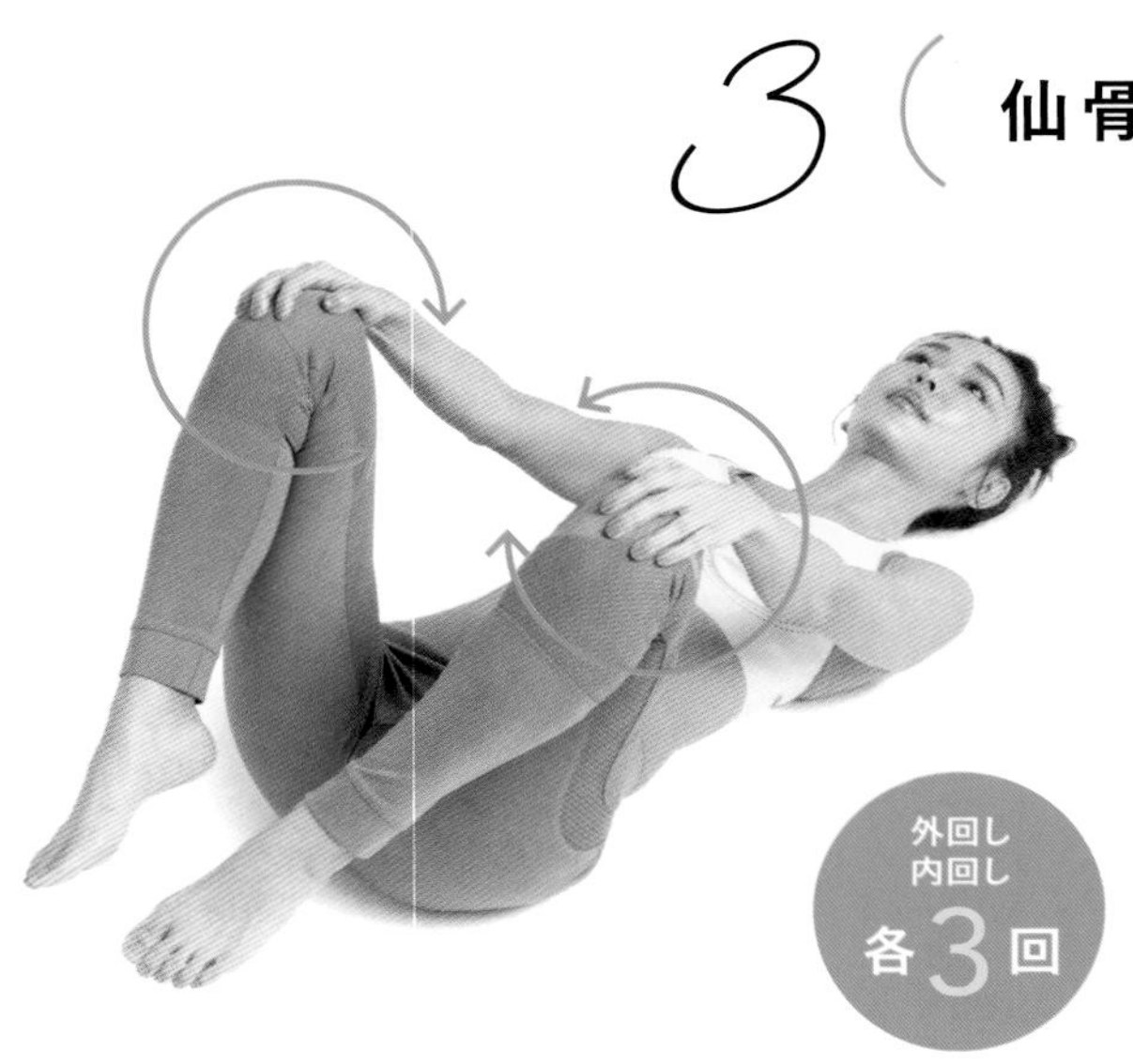

両ひざを離して、それぞれ外と内に回す

両ひざを離して、それぞれ外回しに３回回します。仙骨を床から離さずに回しましょう。内回しも同様に。

4 仙骨おとし①

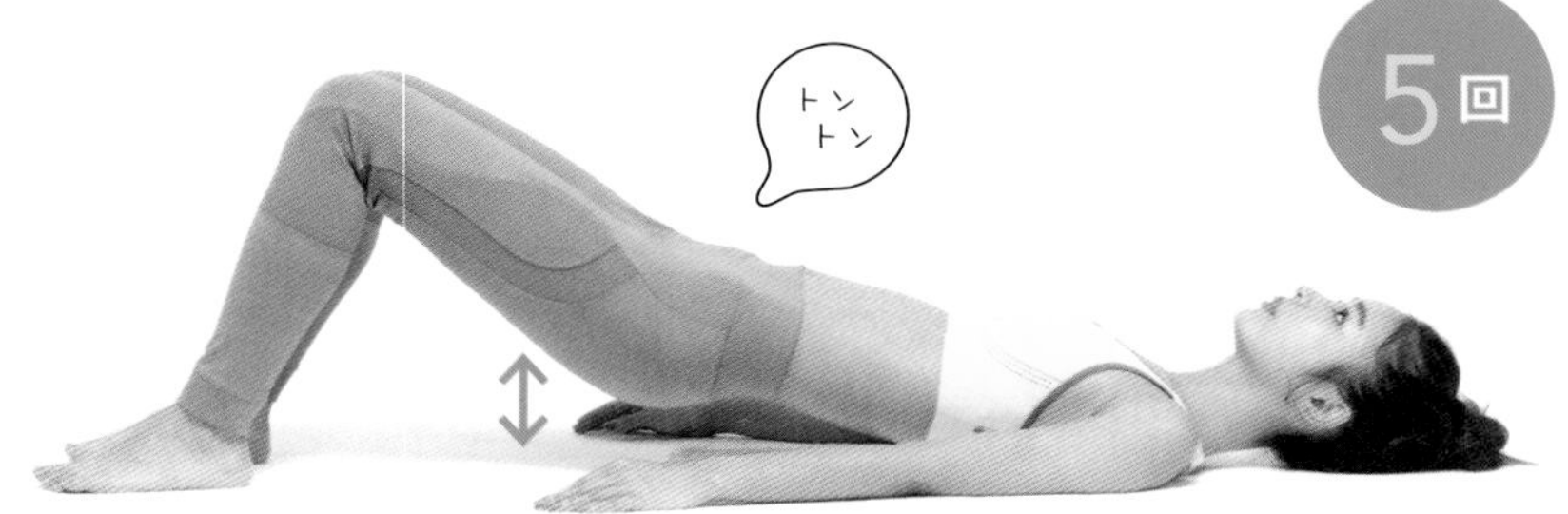

仙骨をトントンと床に落とす

仰向けになり、足を軽く開いて両ひざを立て、両腕は手のひらを下に向けて体の横に置きます。お尻を床から浮かし、仙骨が当たるようにやさしく床に落とします。これをトントンとリズミカルに５回。

5 仙骨おとし②

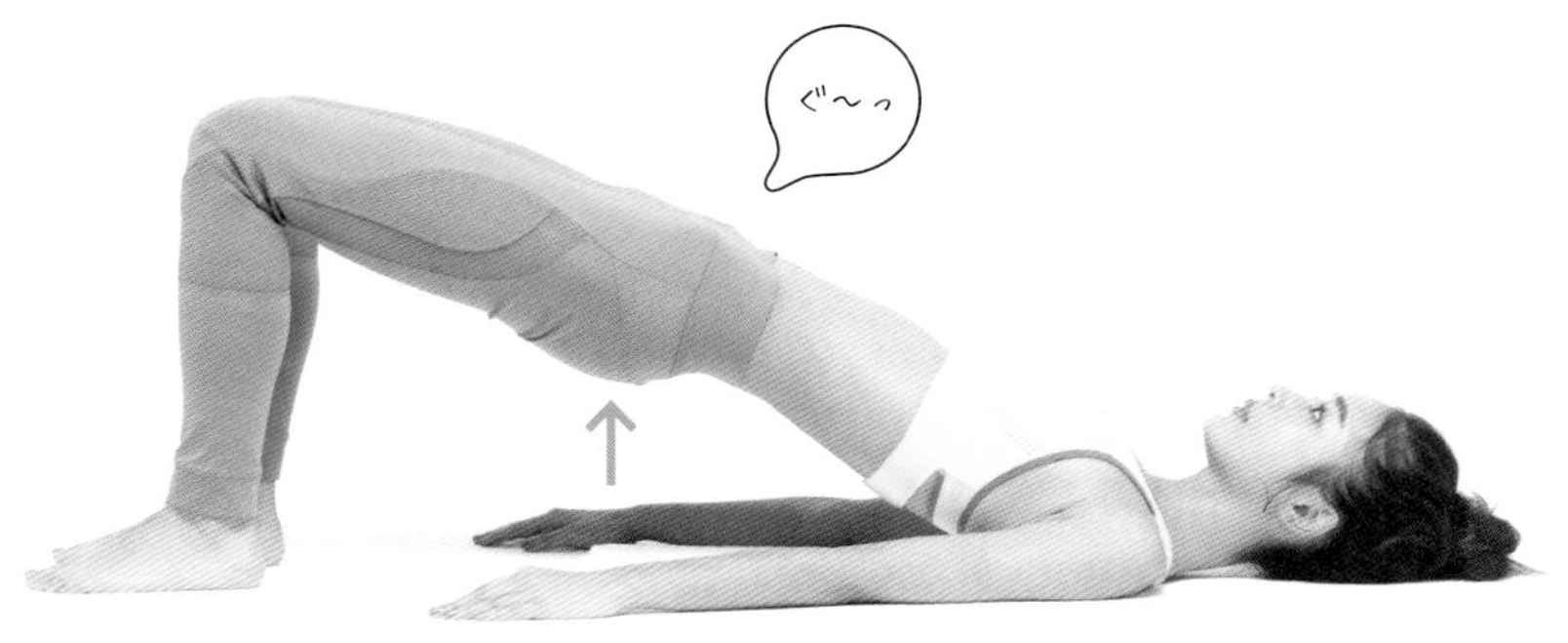

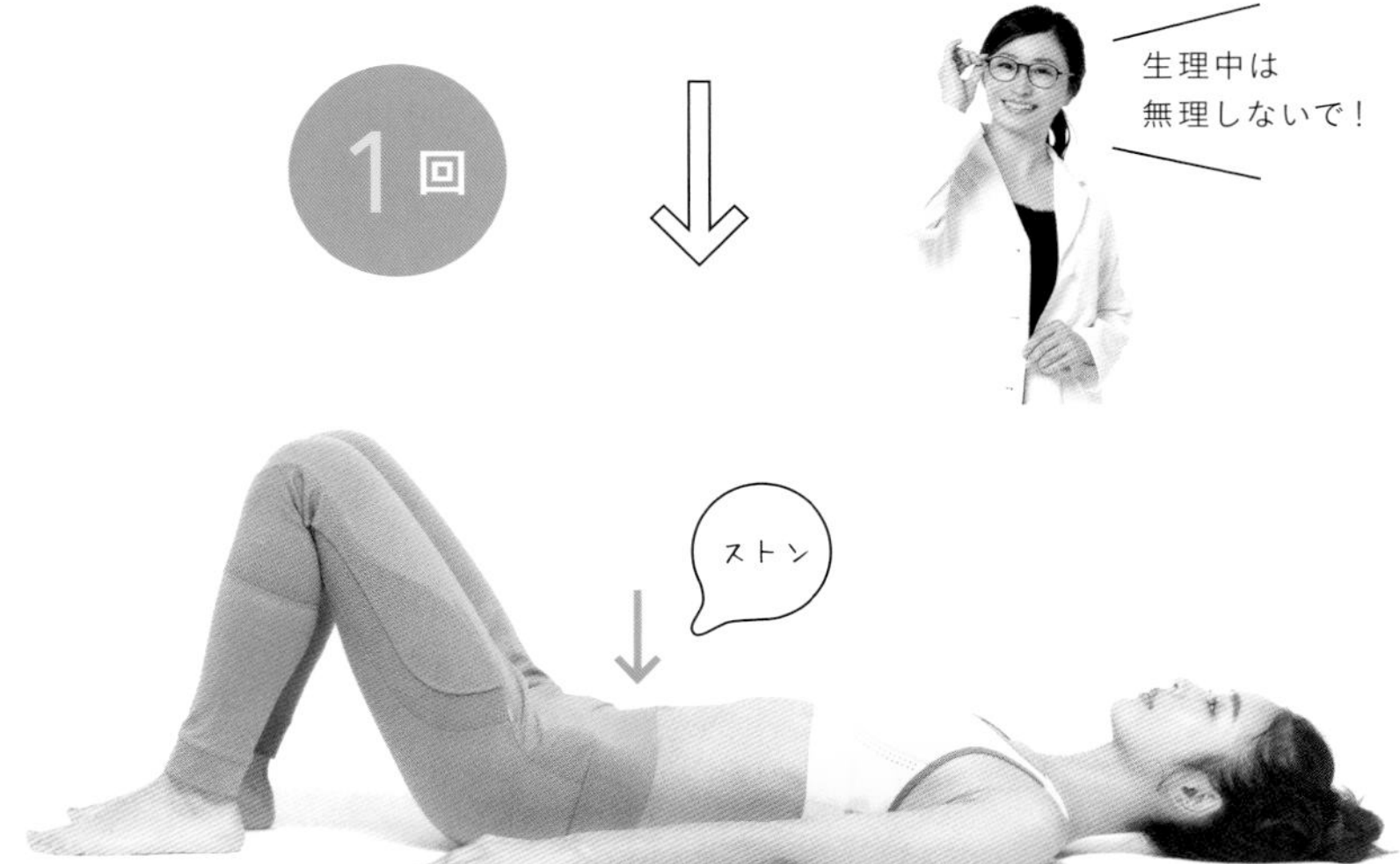

お尻をさらに高く引き上げて落とす

仙骨おとし①の姿勢からさらにお尻を引き上げて、ひざから胸が一直線になるようにします。腰に違和感があったら、無理に高く上げなくてもOK。そこから、床にストンとお尻を落として仙骨を刺激。痛みを感じる場合は、タオルを敷いて行って。これを1回。

お尻ほぐし 3

尾骨周辺ほぐし

尾骨周辺をほぐすと髄液の流れが促進し、小顔などの効果が

尾骨は、背骨の最下部にある尖った骨。この尾骨から脊髄には終糸という糸状の組織が走り、脊髄は脳までつながっています。その周りを流れるのが髄液という体液で、脳や脊髄を保護する働きなどがあるとされています。尾骨周りをほぐすと髄液の流れがよくなり、頭部のむくみが改善して小顔になったり、肌の乾燥、肩こり、頭痛、冷えなどさまざまなトラブルが改善しやすくなります。

Check!

尾骨って どんな場所？

- 周囲を髄液が流れる脊髄につながる**終糸**がある
- ほぐすと髄液の流れがよくなり、**むくみが改善し、小顔に**

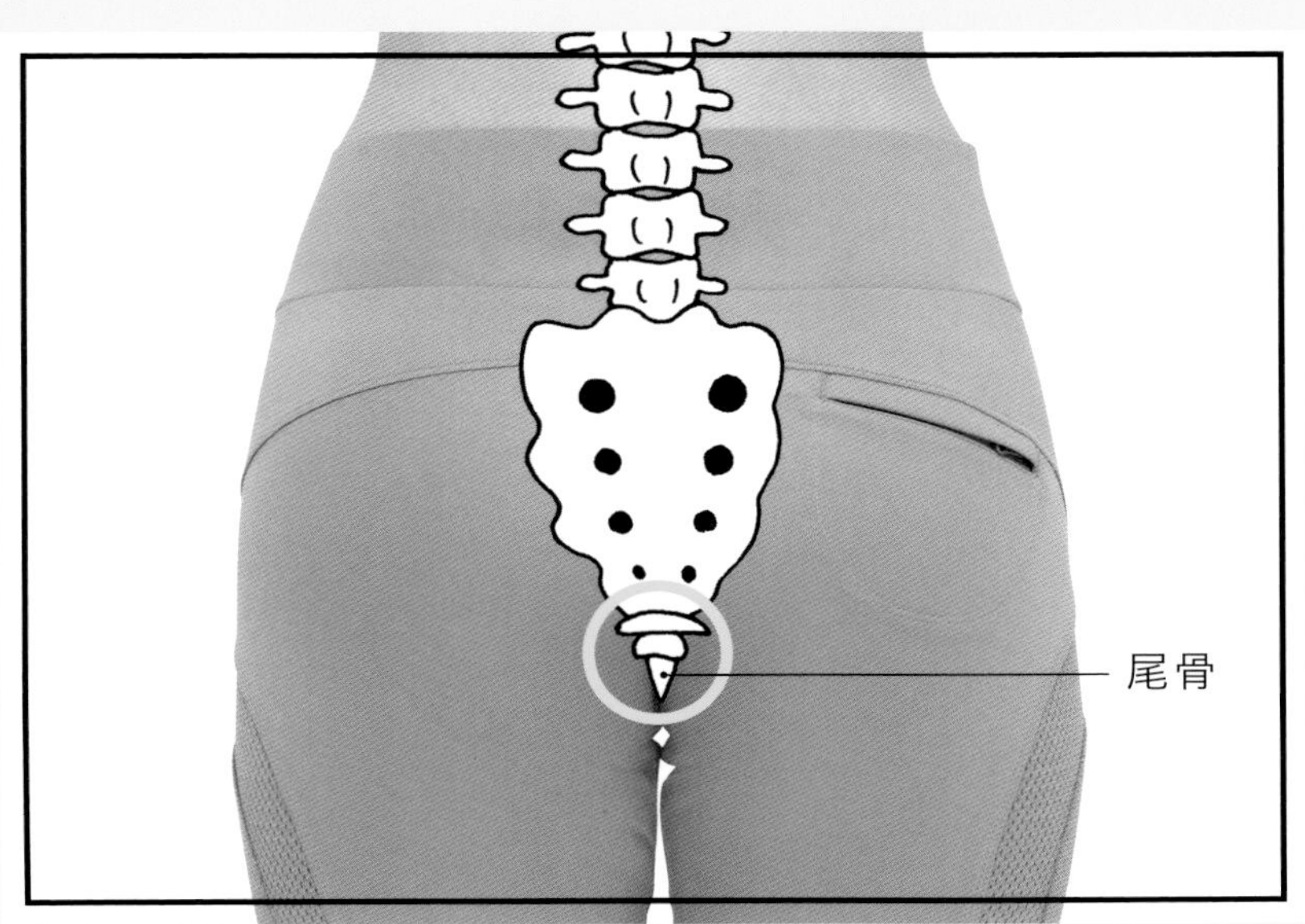
尾骨

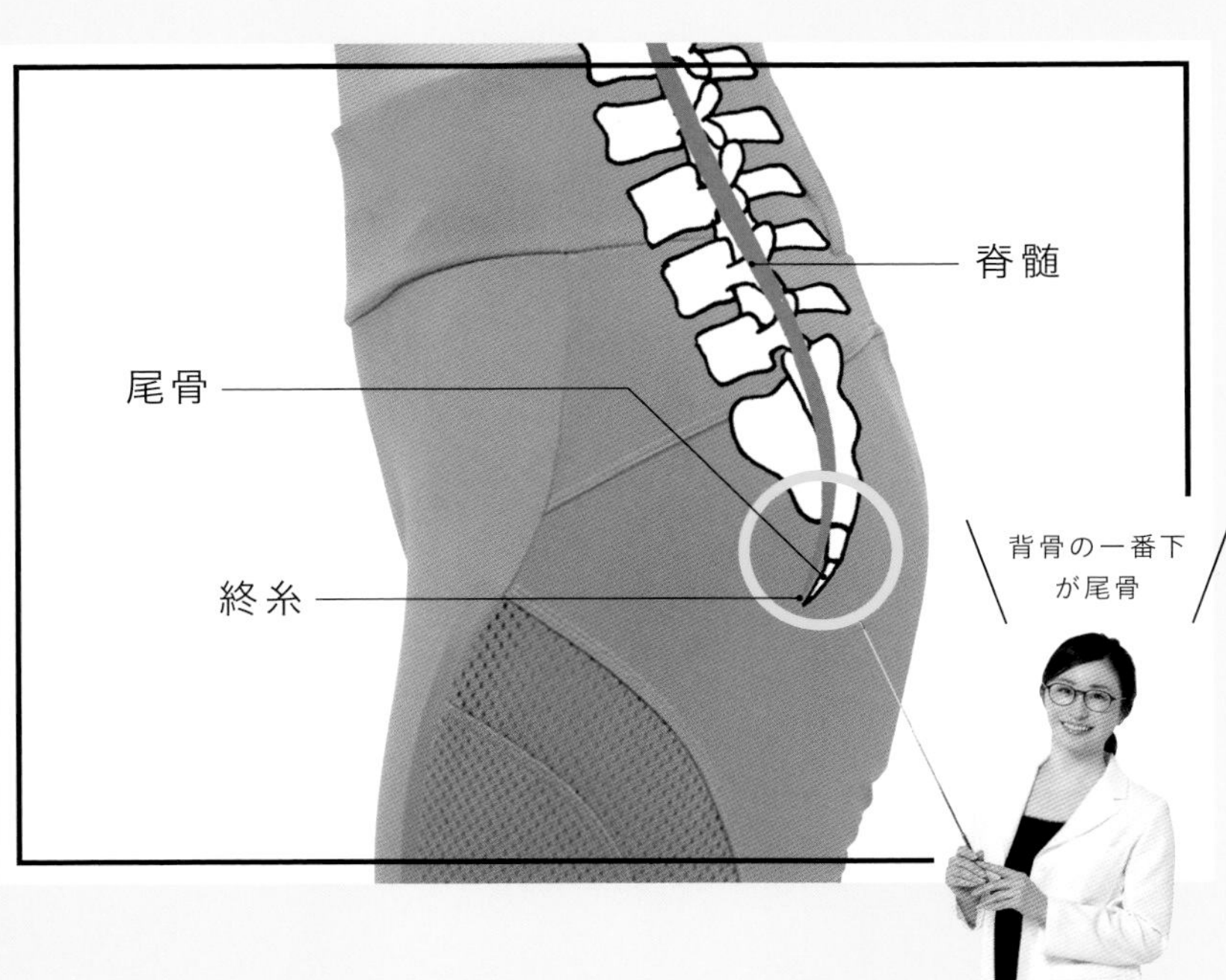
脊髄
尾骨
終糸
背骨の一番下
が尾骨

基本の尾骨周辺ほぐし

Start!

1（座る）

動画で解説

床に座り、両ひざを軽く曲げる

床に座って背筋を伸ばし、両ひざを軽く曲げます。手は体の後ろに軽くつきます。

2（はさむ）

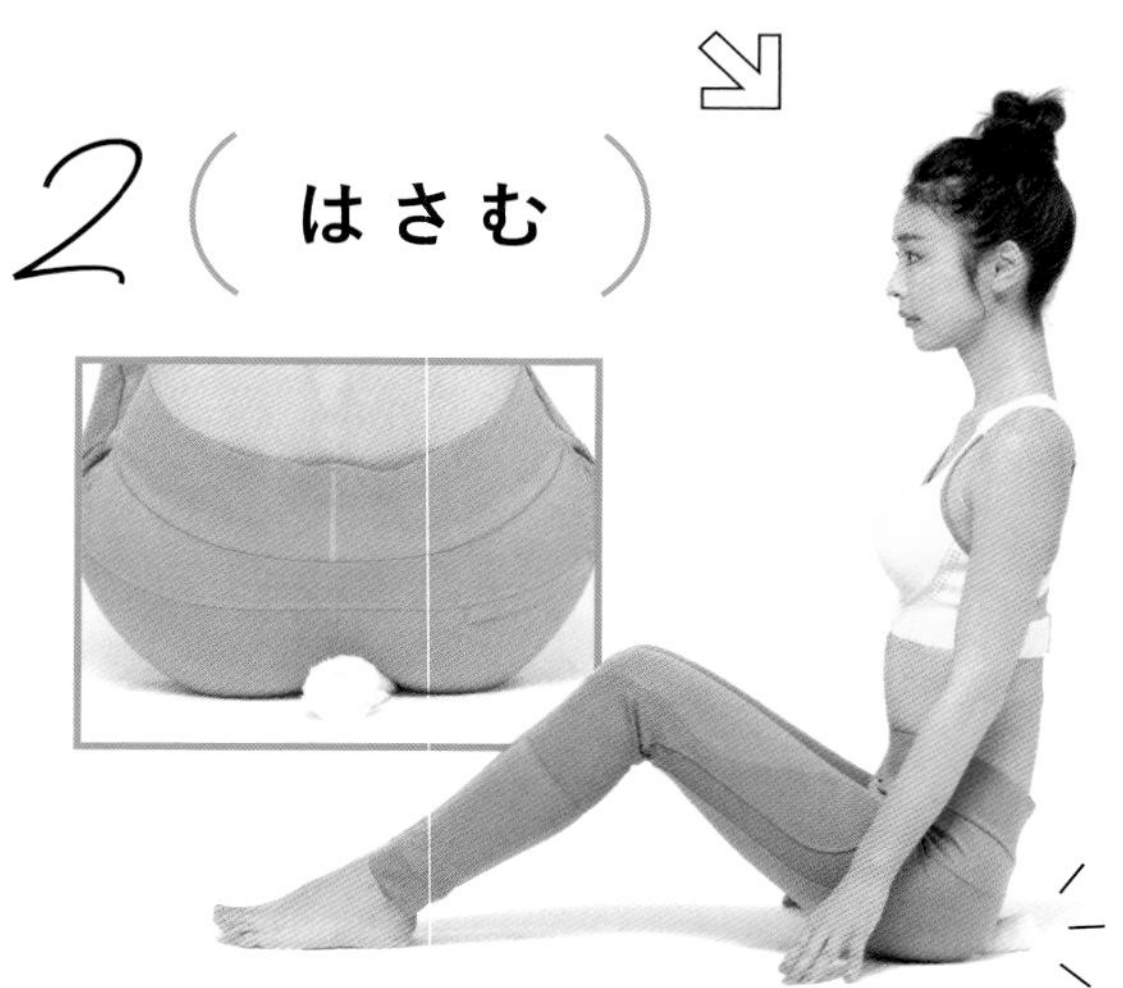

ハンドタオルを使おう！

半分に折って
くるくると巻く

タオルを丸めてお尻の割れ目の下に

ハンドタオルくらいの小さめのタオルを丸めて棒状にし、お尻の割れ目の下に縦に置き、左右のお尻ではさみます。

3 （骨盤を前後に動かす）

体を後ろに倒して骨盤を前後に動かして尾骨を刺激

両手を体の後ろに置き、体を後ろに倒します。両ひじを曲げて、骨盤を後傾させ、尾骨にタオルを押し当てます。次に両ひじを伸ばし骨盤を元に戻します。この骨盤の前後運動を5回。

椅子でも
OK!

浅く腰かけて骨盤を前後に動かす

椅子に座って行うときは、椅子に浅く腰かけて、同じようにタオルをお尻の下に置き、骨盤を前後に動かしましょう。

尾骨が刺激
されるのを
意識して
5回
ひじを
曲げて

※尾骨周辺に痛みが出る場合があるので、加減して行ってください。

Let's!

お尻ほぐしストレッチ

1（ 片脚を曲げる ）

左脚を伸ばし、右ひざを曲げて足を左ひざ上へ

仰向けになり、両腕は手のひらを下にして体の横に置きます。左脚はまっすぐ伸ばし、右ひざを内側に曲げ、足を左ひざ上にのせます。

2（ 脚を引き寄せる ）

左右各30秒

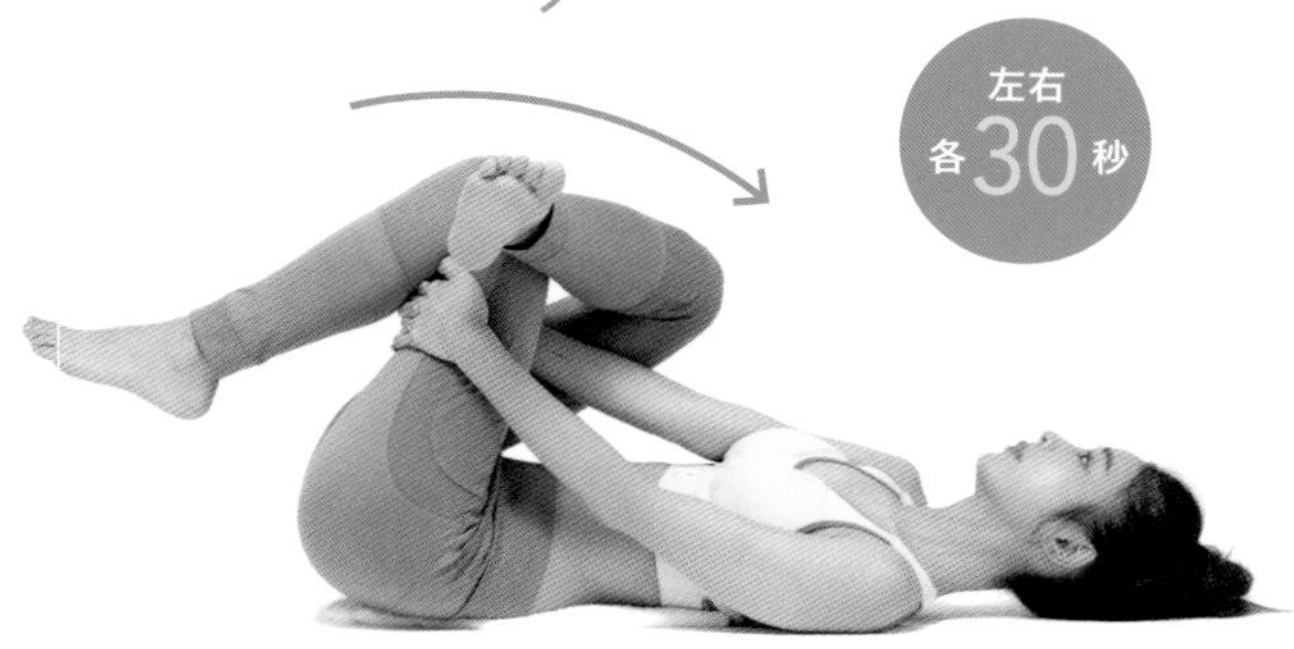

両手で左の太ももを抱えて引き寄せる

左ひざを曲げて、両手で左の太ももを抱えて、手前にグーッと引き寄せて30秒キープ。反対側も同様に。左右各１回。

3（腰から下をひねる）

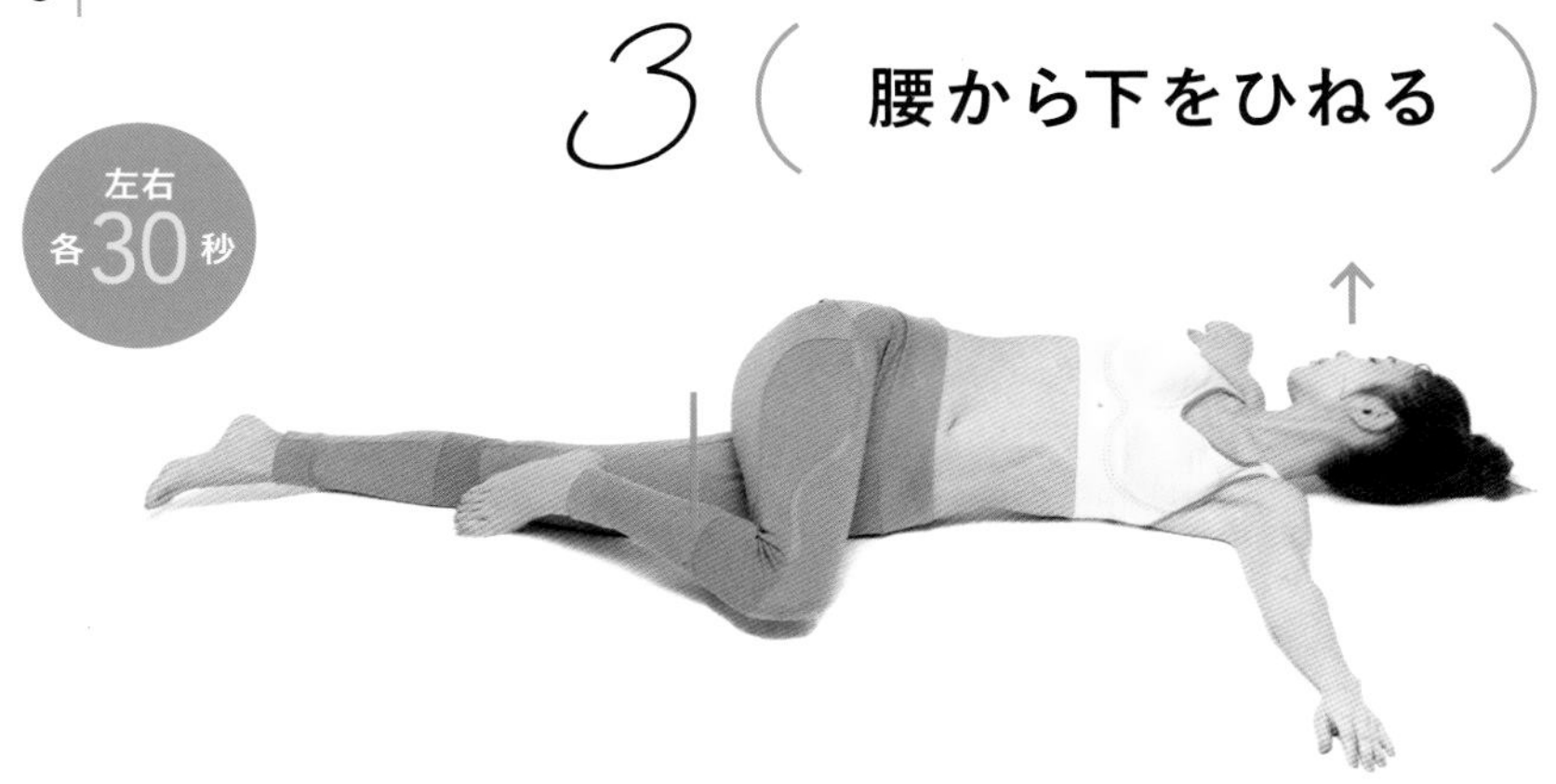

下半身は左にひねり、顔は右へ向ける

仰向けに戻り、両腕を真横に伸ばします。右ひざを曲げ、腰から下を左へひねって右ひざを床につくようにし、顔は右へ向けて30秒キープ。反対側も同様に。左右各１回。

座ってやる場合……

右足を左ももにのせ、右ひざを押して前傾

椅子に座り、右ひざを曲げ、右足を左ももにのせ、左手を右足首に当てます。右手で右ひざを下へ押しながら、背筋を伸ばしたまま上体を倒し30秒キープ。反対側も同様に。左右各１回。

お尻ほぐし Q&A

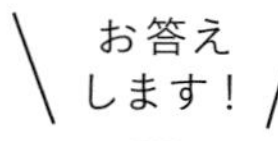

一日のうちいつやるのがいい？

自分の生活に合わせて、いつ行ってもOK

お尻ほぐしは基本的にいつ行ってもOK。朝行うと筋肉がほぐれて一日活動しやすくなりますし、夜の入浴後に行うと血行促進効果が高まり寝つきがスムーズに。やりやすい時間に行って習慣化しましょう。

やってはいけない人は？

体に痛みがある人、体調が悪い人、妊娠中などは控えて

腰痛など体のどこかに痛みがある人や、体調が悪い人は無理に行わないようにしましょう。妊娠中の人も避けましょう。また、お尻ほぐしをやっているうちに痛みが出た場合はやめましょう。

どれくらいで効果が出るの？

ヒップアップ効果は1回でも感じるはず

お尻ほぐしは1回でもヒップアップ効果が得られることが多いです。むくみ改善や小顔効果も1回で実感する人も多いと思います。少なくとも3日間続ければ何らかの変化を感じるはず。まずは3日を目標に。

Chapter 2

やってみよう！
お尻ほぐし

痛いのはガマンしなくちゃダメ？

痛ければ無理に行わずやめること

痛みが出たら無理をせずやめましょう。ただ、痛みがある部分は老廃物がたまっているということも。続けるうちに老廃物が排出され、次第に痛まなくなっていくこともあるので、様子を見ながら少しずつ続けてみて。

筋トレは続けてもいい？

お尻ほぐしと組み合わせると美尻効果UP

お尻の筋トレを行っている人もいると思いますが、お尻ほぐしと筋トレは一緒に行ってもOK。筋トレをするとお尻が硬くなりがちですが、お尻ほぐしをすれば筋肉がしなやかになり、よりきれいなお尻になります。

Chapter 3

いつでもお尻ケア

仙骨は、こまめに**さする**＆**温める**でケア！

Chapter2で、仙骨周辺ほぐしをご紹介しましたが、**仙骨は、さすったり温めたりするだけでも効果があります**。

仙骨さすりも、仙骨温めも、仙骨周辺ほぐしと同じ効果が得られます。オフィスや外出先などでも手軽にできるので、たとえば、オフィスの冷房で体が冷えたときや、生理痛がひどいとき、むくみが気になるとき、イライラしたときなどに取り入れましょう。

仙骨さすりの方法は、お尻の割れ目の一番上に中指の指先を下にして当て、手のひらで覆われる場所にある仙骨のあたりをやさしくさするだけです。心地よく感じる強さで、何回か繰り返しましょう。気がついたときに、こまめに行うよう

冷えや生理痛、
イライラを感じたら
仙骨ケアを

にすると、婦人科系の不調も改善しやすくなります。

仙骨温めは、仙骨のあたりにカイロを貼るだけでOK。全身の血流がよくなり、体が温まるので、夏の冷房冷え対策には特に効果的です。

また、仙骨にドライヤーの温風を当てて温めるのもおすすめ。仙骨にドライヤーの温風を当て、少し熱く感じたら離し、また当てるというのを繰り返しましょう。お灸のような効果が得られます。

椅子と便座に座るたびにお尻を持ち上げる

ほとんどの人が、座るときのお尻の状態に無頓着なので、お尻にシワが寄ったまま座っている人が多数。これだとお尻の形がくずれてしまうのはもちろん、血行も悪くなって冷え尻、セルライト尻の原因にも。座っているときは、ただでさえお尻がつぶれているので、そのダメージを少しでも減らすため座り方には気をつけたいものです。

お尻のためによいのは、**左右の手で、お尻の左右のほっぺを持ち上げてから座ることです。**こうするだけでお尻の形のくずれがかなり防げます。さらにいえば、**膣の入り口（膣口）を真下に向けて、椅子の座面でふさぐようなイメージで座る**と、骨盤がまっすぐに立ち、お尻がよりつぶれにくくなります。骨盤を後ろに倒して座っている人が多いですが、これはお尻がつぶれる最悪の座り方なのでNG。

トイレの便座に座るときも、同じような方法で座りましょう。ちなみに、トイレットペーパーで拭きとった後、きれいなトイレットペーパーで、膣口とお尻の穴の間にある会陰（えいん）のあたりを軽くプッシュするのもおすすめ。会陰は生命力がみなぎるスポットといわれ、押して刺激すると、やる気が出て、だるさなどが解消します。トイレに行くたび、やってみて。

寝る ときはお尻に手を当てる

寝ている間も、お尻がつぶれっぱなしになる時間です。このときも、お尻の形のくずれをできるだけ防ぐため、いったん布団やベッドに仰向けに寝たら、お尻を浮かせて、左右の手で、お尻の左右のほっぺをキュッと持ち上げてから、お尻を下ろして寝るようにしましょう。寝ている時間は長いので、寝る前にこのワンアクションをするだけで、お尻の形のくずれが防げます。

また、余裕があれば、その前にヨガの「魚のポーズ」をするのもおすすめ。

仰向けになり、足を揃えて伸ばします。息を吸いながらお尻を浮かせるようにして、手のひらを下に向けてお尻の下に入れます。両腕は、ひじを伸ばしたまま、肩甲骨を寄せるように体の下側に入れます。

いったん息を吐き、再び息を吸いながら胸を天井に向けて引き上げるようにし、頭頂部が床につくようなイメージで首を伸ばします。無理のない範囲で、首などに痛みがあればやめましょう。ひじで体を支え、そのまましばらくゆっくりと深呼吸を続けます。

この魚のポーズは、お尻の下に手を入れることでお尻が引き上がりやすくなるうえ、縮みがちな首や胸、お腹を伸ばすので呼吸機能が整って呼吸が深くなり、寝つきがよくなって、睡眠の質も上がります。顔の血流もよくなり、翌朝の顔のむくみ予防にも効果的。

寝る前に取り入れてみてください。

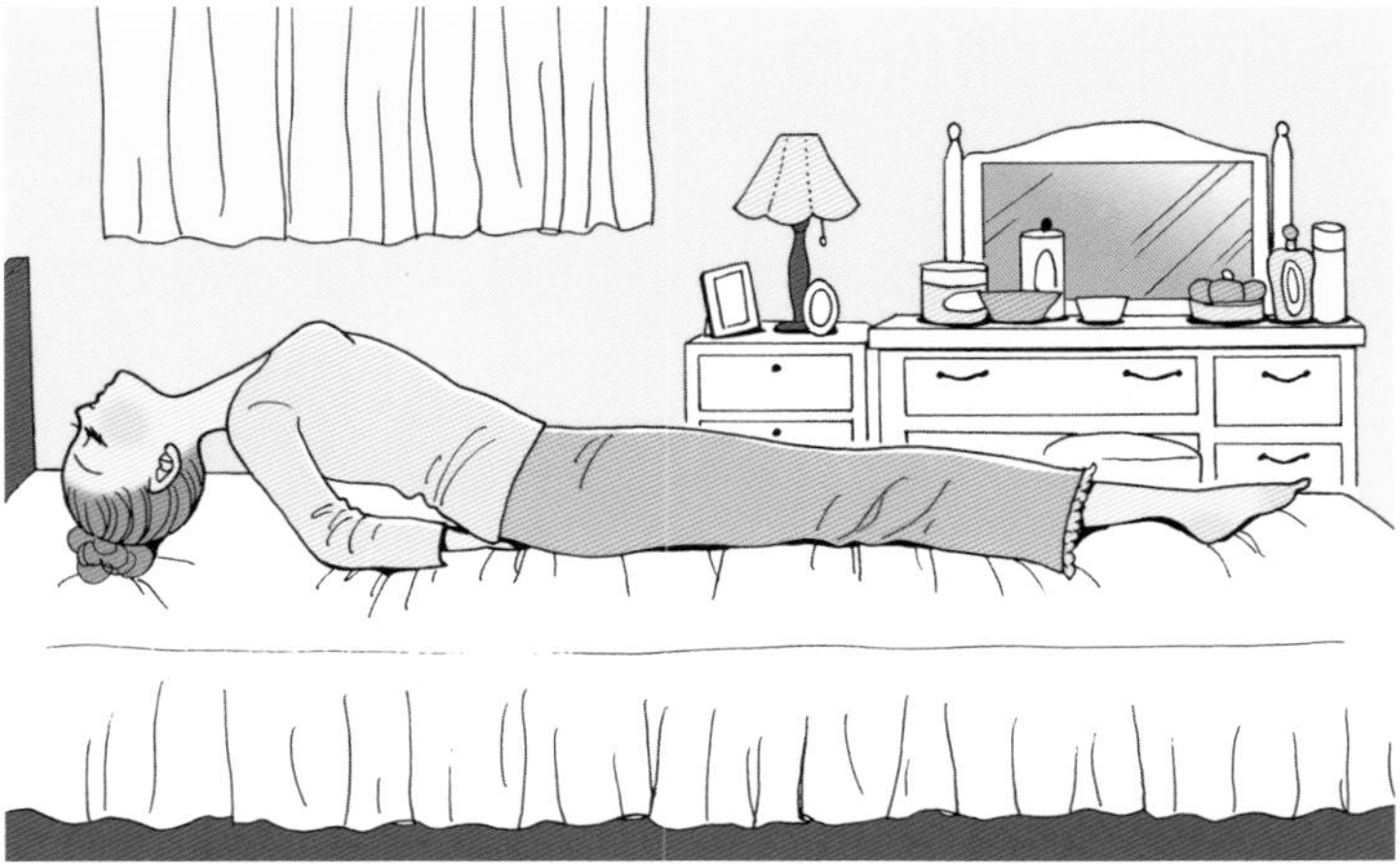

下着は締め付けないタイプを選ぶ

下着も、お尻の形に大きな影響を与えます。形のくずれを防ぐためによいのが、まず、ハイレグのショーツです。脚の付け根の部分が鋭角に切り込まれているので、そけい部を締め付けず、血液やリンパの流れが阻害されないからです。

また、お尻にショーツのラインのあとが残るものをはいていると、脱いでもお尻に段々ができてしまうので、あとが残らないTバックが理想的。Tバックは冷えるという人もいますが、お尻ほぐしを習慣にすれば冷えにくくなります。Tバックに抵抗がある人は、お尻全体をすっぽりと包み込む形のものにしましょう。

現状、多くの女性は、自分に合っていないサイズのショーツをはいています。普段の洋服のサイズがMでもショーツはLサイズだったりと、お尻は少し大きい人もいるのですが、小さめのショーツを選んでお尻を締め付けている人が多数。下着店でお尻のサイズを測ってもらって、正しいサイズのショーツを選びましょう。

さらに、たまには〝ノーショーツデー〟を作るのもおすすめ。実は、私は寝るときはいつもノーショーツ。これが一番、血液やリンパの流れがよくなり、お尻によいからです。みなさんも、たまにはノーショーツデーを作ってみては？

〇 OK

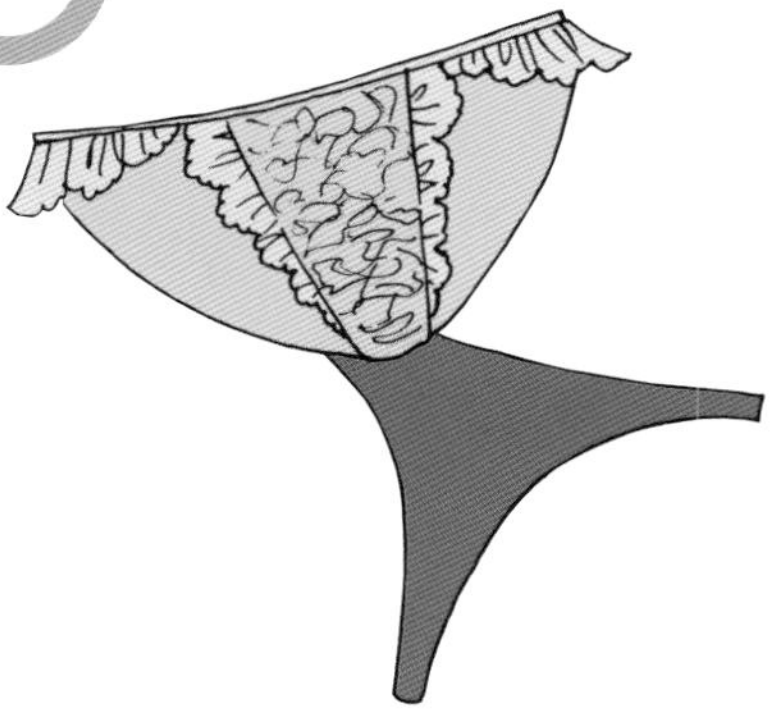

× NG

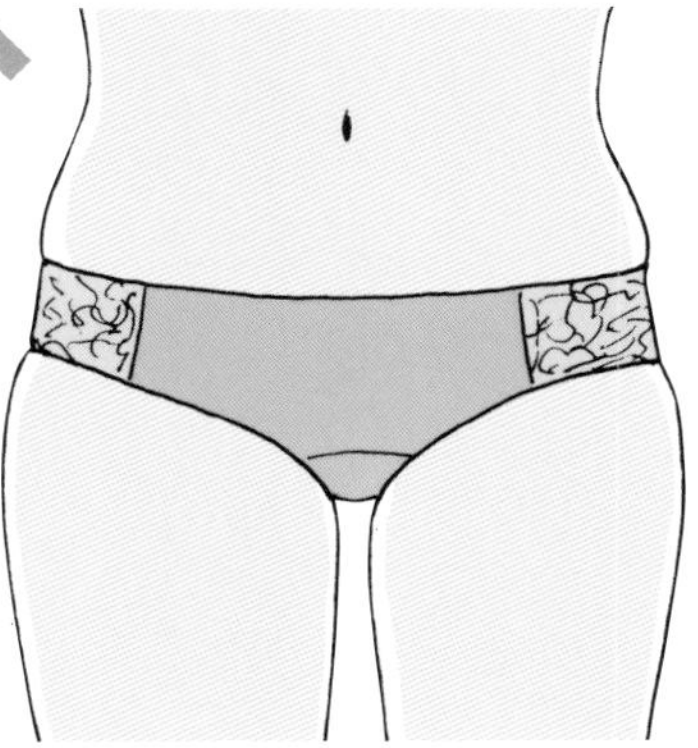

多くの女性は
ショーツが小さすぎ！

お風呂では椅子に座らず、立って体を洗いましょう

きれいなお尻を育てるためには、バスタイムも大事な時間です。

お風呂では全裸になるので、必ず鏡で自分のお尻を見るようにしましょう。鏡に映すと、お尻が垂れていないか、セルライトがないかなど、ちょっとした変化をチェックできます。そして、鏡に映したまま、お尻に力を入れてみましょう。そうするとお尻がキュッと引き上がると思います。あなたのお尻は、本当はそこまで引き上がるポテンシャルを秘めているということです。その位置で手でお尻を支えて、〝ここの位置に戻ってね〟とお尻に声をかけましょう。これだけで、お尻は上がりやすくなります。

また、もうひとつのポイントは、体を洗うときに、お風呂の椅子に座らないこ

とです。立ったまま片方のひざを曲げて引き上げ、足の裏や足指などから洗い始め脚全体を洗います。左右の脚をこの方法で洗いましょう（ケガをしないように注意して行ってください）。こうするだけで、支えている側のお尻の筋肉が鍛えられ、お尻の引き締めになります。もし座りたくなったら、バスタブの縁に、お尻を手で持って引き上げてから座りましょう。この座り方ならお尻がつぶれず、おすすめです。

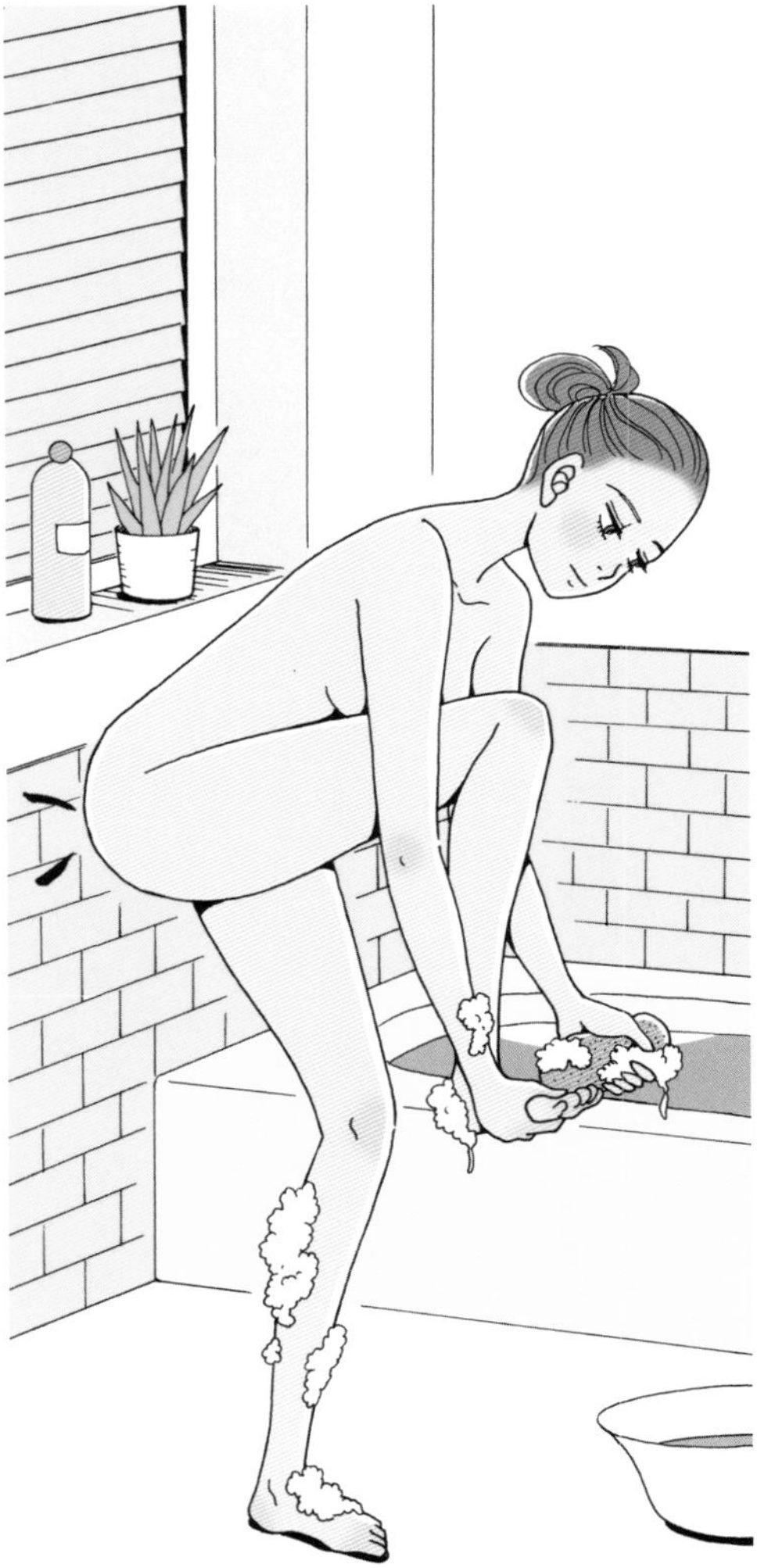

毎日の
積み重ねが大事！

お尻が上がる！ くびれができる！
バストが上がる！

Let's! お尻先生のボディマッサージ

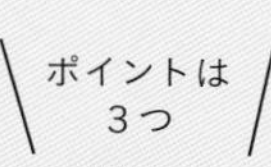

- 必ずボディクリームやボディオイルなどを塗って行う
- 入浴後に行うと効果的
- 自分の体に〝可愛いね〟と声をかけ、愛でながら行う

お尻ほぐしにプラスすればさらにメリハリボディに！

お尻ほぐしにプラスして行うといいのが、ボディマッサージです。お尻を引き上げるだけでなく、リンパの流れがよくなって、くびれ作りや、バストアップにも効果的。

入浴後の血行がよくなっているときに行うと、より効果がアップ。毎日お風呂上がりに、ボディクリームやボディオイルなどを塗って保湿をしながら行いましょう。肌がすべすべになって、くすみも解消し、美肌効果が得られます。自分の体に〝可愛いね〟〝今日も一日お疲れ様〟などと声をかけながら行うと、細胞が喜び、翌日の肌がいっそうプルプルに！

片方の手のひらを太ももの裏に当て、お尻へとさすり上げます。左右とも全体をまんべんなく行って。

次に、お尻から腰へとさすり上げます。左右とも全体をまんべんなく行います。

続いて、腰からおなかへと老廃物を押し流すようにマッサージ。

おなかからバストの中央に向かって引き上げるようにマッサージ。

バストの周囲を両手で囲むように
マッサージします。左右とも行い
ましょう。

片方の手のひらで反対側の鎖骨上
を内側から外側へ押し流すように
マッサージ。反対側も同様に。

Check!

お尻先生イチオシ
お尻ケア優秀アイテム

ボディマッサージにオススメのアイテムを、先生が厳選しました！

1 お尻ケアの土台を整える
スクラブ

ゴワつきの原因となる古い角質を取り去ることが、やわふわヒップをつくるファーストステップ。体を洗った後に、お尻から全身にかけて優しくなでるように磨き上げましょう。

1 シアバター配合＆海の砂を使用した微粒子スクラブ。敏感肌の人も安心して使える。MASSADA シアスクラブ 150mℓ ￥6000／ビューティーキャラバン　2 レモンが香るシュガースクラブ。とろっとしたテクスチャーが気持ちよく、あと肌はしっとり。LCN スパ スクラブ 75mℓ ￥2400／nail shop TAT

3 みずみずしく潤いチャージ
ローション

水分量が多いボディローションで、肌にしっかりと保湿成分を入れこみましょう。みずみずしいつけ心地で、内側からぷるんと潤った美尻に！

保湿効果はもちろん、引き締め効果もあり！MASSADA リフト＆スカルプ ボディローション 200mℓ ￥8500／ビューティーキャラバン

2 保湿成分の通り道をつくる
導　入

肌に水分が残った状態で導入液をオン。お風呂上がりに間髪入れず、が鉄則です。この後に使う保湿アイテムの入りやすさが格段に違います！

体液のミネラルバランスに近い海洋深層水を使用。手軽なスプレータイプ。ブースターエッセンス 55mℓ ￥4000／ヴァン・ベール

肌にすっとなじんで潤い力を底上げ
VAN-VEAL
Booster Essence

忙しいときは
スクラブ→クリームの
ミニマムケアでOK！

デイリー使い

なめらかに潤って全身ふんわりいい香り

4 たっぷり使って潤いを閉じ込める ミルク・クリーム

仕上げには、潤いが逃げないようにきちんと蓋を。量はケチらず、ぜひたっぷり使ってください！　その日の肌の調子によって、のびのいいミルクとこっくりしたクリームを使い分けるのがオススメ。香りにもこだわれば、毎日のケアが楽しみになります♪

1 軽やかにのびて潤いを抱え込む。幸福を運ぶ蘭の香り。オーキデ パフュームモイストミルク 245mℓ ￥3900／ロクシタンジャポン　2 リッチなテクスチャーなのに、塗った瞬間肌になじんでべたつかない。高級感溢れる香りにうっとり。トランキリティ ボディ クリーム 180mℓ ￥13000／コンフォートジャパン

上質な香りと使い心地にぞっこん！

特に乾燥するとき

スペシャルケア

もっとお尻を引き締めたいときにはコレ！ スリミングアイテム

すぐに実感できるほど圧倒的な引き締め効果

脂肪細胞を狙って的確に攻撃。たるみが気になるボディの引き締めとセルライトケアに。ボディ フィット 200g ￥8000／クラランス

たるみをケアしながらつるつるに洗い上がる

脂肪に効く、ピンクペッパー配合のスクラブ。ロルロゼ エンリッチ オイルイン ウォッシュスクラブ 150mℓ ￥2900／メルヴィータジャポン

Story

田口咲がお尻先生になるまで

長年のエステサロンでの経験や、勉強を経て、たどりついた私だけの「お尻メソッド」

私は、今回、幸運にもこの本を出させていただく機会に恵まれましたが、これまでの人生は、決して順風満帆ではありませんでした。

私がエステティシャンになったのは、18歳のとき。出身地の秋田県で、自分が通っていた脱毛や痩身がメインのエステサロンに就職することになったのがきっかけです。

ところが、**入社して半年後お給料が止まりました。**経営が上手くいっていなかったのでしょう。それでも、お客様は毎日いらっしゃいます。8台のベッドを2人でこなし、がむしゃらに働いて、なんとかサロンの売り上げ目標を達成し続けました。クレーム対応をしながらも、信頼を取り戻すために真剣に施術し、毎月売り上げ目標を達成できたのです。それを機に20歳で店長に任命され、その後、21歳で秋田県の2店舗の統括を任されました。

会社の経営は無事軌道に乗り出したのですが、その頃、

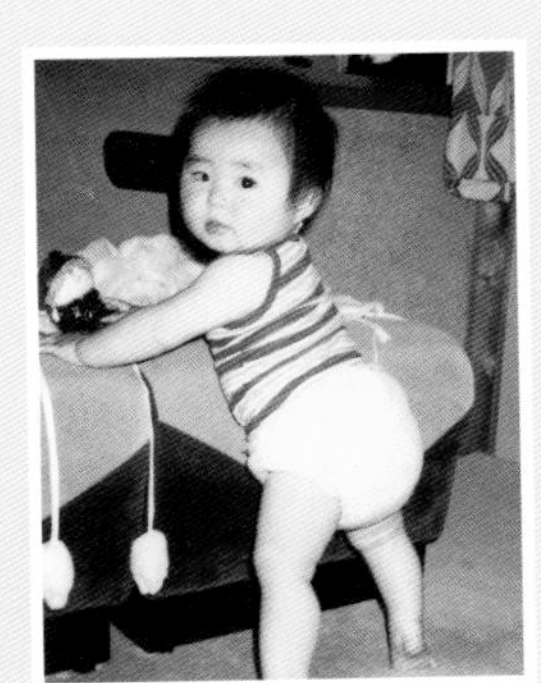

秋田出身。5人兄妹の末っ子で、甘やかされて育ちました。

プライベートでは、6年間つきあっていた恋人と別れるという大きな出来事がありました。**〝生きている意味がない〟**と本気で思っていたほど、精神的にはつらい状況でした。**ホルモンバランスも崩れ、体重は4ヵ月で一気に20kg増え、70kg近くまでに……。**

そんなとき、会社から、〝3ヵ月ほど勉強に出ないか〟と言われ、北九州にオープンする2つの新店舗の立ち上げの話をもちかけられました。3日後にはスーツケース

スーツケースひとつで全国行脚。10年間彼氏ナシ、仕事に没頭していた「咲男」時代。

70kg時代。鏡を見るのが本当に嫌でした。

Oshiri Beauty

ひとつで北九州へ。北九州の2店舗でも売り上げ目標を達成し、それ以来、新店舗の立ち上げを任されるようになり、全国を転々とする旅がはじまったのです。

最初は3ヵ月の予定だったのに、気がついたら10年もの年月が経っていました。**その間ずっと、ウィークリーマンションやホテル暮らし。**無我夢中で仕事をしていました。気づかないうちにストレスがたまっていたのか、顔中にニキビができたり、夜中に高熱を出して即入院ということもありました。ただ、その経験によって、肌トラブルに悩む人の気持ちや、やせたくてもやせられない人の気持ちが理解できるようになり、通ってくださるお客様はどんどん増えていきました。

そして、私の施術によって体や肌のトラブルが改善していった多くのお客様から感謝や喜びの言葉をいただくうちに、〝生きている意味がない〟と思っていた私の心も次第に癒やされ、いつの間にかセラピストとしての仕事が生きがいになっていきました。

ただ、そんな中でも、エステサロンでできる範囲は限られていることへのもどかしさも感じていました。お客様の悩みは人それぞれのはずなのにマニュアルから外れ

Story

田口咲がお尻先生になるまで

たケアやアドバイスをしてはいけない状況だったのです。このままではダメだ!と思い、〝どんな悩みをもった人にも施術ができるようになりたい〟という強い気持ちから、31歳のときに、勤めていたエステサロンを辞めて独立する決意をし、一から勉強し直すことにしました。私が興味を持ったのは、「医療リンパドレナージセラピスト」という資格。これまでお客様にはリンパの話をすることが多かったのですが、自分自身よく理解できていなかったからです。

この資格を取るには、あん摩マッサージ指圧師などの国家資格の取得も必要だったので、それが取得できる東京の専門学校に3年間通うことに。同時に自宅でサロンを開業し、昼はサロンで施術、夜は専門学校に通いました。円形脱毛症になるほど多忙な日々でしたが、勉強をするうちに、**自分がそれまで感覚的に行っていた施術の効果のしくみなどが理論的に理解でき、すべて腑に落ちていきました。**東洋医学の知識を身につけられたことも、メソッドの幅が広がり役に立ちました。その後、2016年に無事、資格を取得し、現在のサロン「鍼美ｓａｌｏｎゑまひ〜ＥＭＡＩ〜」を本格的にオープンしました。

そして学校に通いながら研究を重ね、自分のメソッドを確立していく中で、私が最も重要だと思ったのが「お尻」のケアでした。〝小顔になりたい〟という方も、顔のケアだけでは、いまひとつ効果が上がらなかったのですが、お尻もケアすると俄然、効果が上がりました。やせたいという悩みも、O脚や、冷え、生理不順なども、すべてお尻をケアすると、結果が目に見えて違ったのです。**私が70kgまで太ったときにやせられたのも、お尻のケアのおかげです。**

そのことに気づいてからは、私は施術で、必ずお尻のケアを取り入れるようになりました。最初にサロンに来られたときに険しい顔をしていたお客様も、お尻をほぐすと、表情が和らいで穏やかになります。ですから私は、お尻のケアを何よりも重視しているのです。

いまでは私がお尻をケアした方々は、1万5000人以上にものぼります。私が「お尻メソッド」を確立できたのも、長年のエステサロンでの経験と、支えてくださったお客様のおかげだと思っています。これからもお尻を通して、多くの方の体と心を、Ｈａｐｐｙにしていきたいです。

勉強や経験を重ねて、お尻の重要性に気づきました

お尻とともに

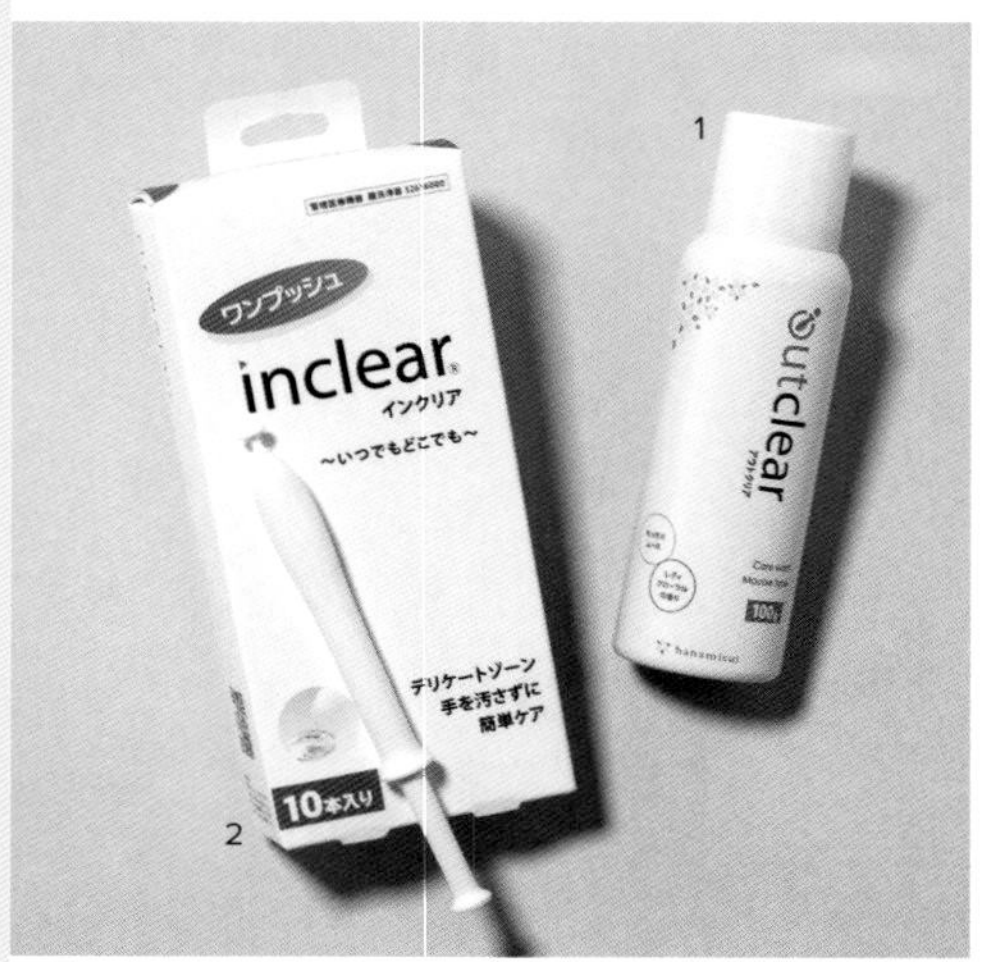

1 黒ずみやニオイをケアする洗浄料

泡立て不要の、もっちり濃厚泡のデリケートゾーン専用洗浄料。ビタミンC誘導体や美容成分が配合され黒ずみもケア。アウトクリア ケアウォッシュ（ムースタイプ）100g ￥1280／ハナミスイ

2 乳酸配合で、膣内環境を整える

独自開発のアプリケーターで膣にジェルを注入することで、膣内を洗浄。乳酸配合により、膣内のpHバランスの調整をサポート。インクリア 10本入り ￥3600／ハナミスイ

デリケートゾーンは専用の洗浄料でこまめに洗ってニオイ対策を

お尻のケアとともに女性におすすめしたいのが、デリケートゾーンのケアです。自分では気づきにくいのですが、女性は生理前や生理になるとデリケートゾーンのニオイが強くなりがち。特に疲れなどによって体の抵抗力が落ちると、雑菌が繁殖しやすくなり、ニオイだけでなく病気の原因にも。これを防ぐため、入浴時にデリケートゾーンを専用の低刺激の洗浄料で洗うのがおすすめ。ボディタオルは使わず、泡立てが必要なものは手でよく泡立て、優しくマッサージをしながら洗いましょう。ついでに会陰（えいん）（外陰部と肛門の間）のあたりを、キュッと締めたり緩めたりを繰り返すと、尿モレや膣の緩みなども防げます。私のおすすめアイテムは、上記の「アウトクリア」と「インクリア」。「インクリア」は膣の中を洗浄できて◎。

Oshiri Beauty

Chapter 4 ノーマークゾーン・ケア

お尻以外にも、体を変えるスイッチがある

私のサロンの施術では、お尻のほかに、普段あまり意識を向けないような〝ノーマークゾーン〟をケアすることがよくあります。

たとえば、眉毛や、胸の間、ひじの上などです。

こういう部分に、鍼(はり)やお灸をしたり、手でほぐしたりすると、よくお客様に〝こんな部分、ケアされたの初めて〟と驚かれます。

このようなノーマークゾーンには、私が学んだ東洋医学やリンパケアなどの観点から、健康や美容に効くさまざまな効果が秘められています。実際、ノーマークゾーンをケアすると、多くの方が効果を実感されます。

そこで、この章では、このノーマークゾーンのケアを自分で行う方法をご紹介

します。

アプローチするのは、左の写真に示した場所です。これらは、お尻と同じく、体を変えるスイッチがある場所。不調がある部分をダイレクトに刺激するより、効くことも多いので、ぜひやってみてください。

お尻ほぐしと組み合わせると、より健康に美しくなれますよ。

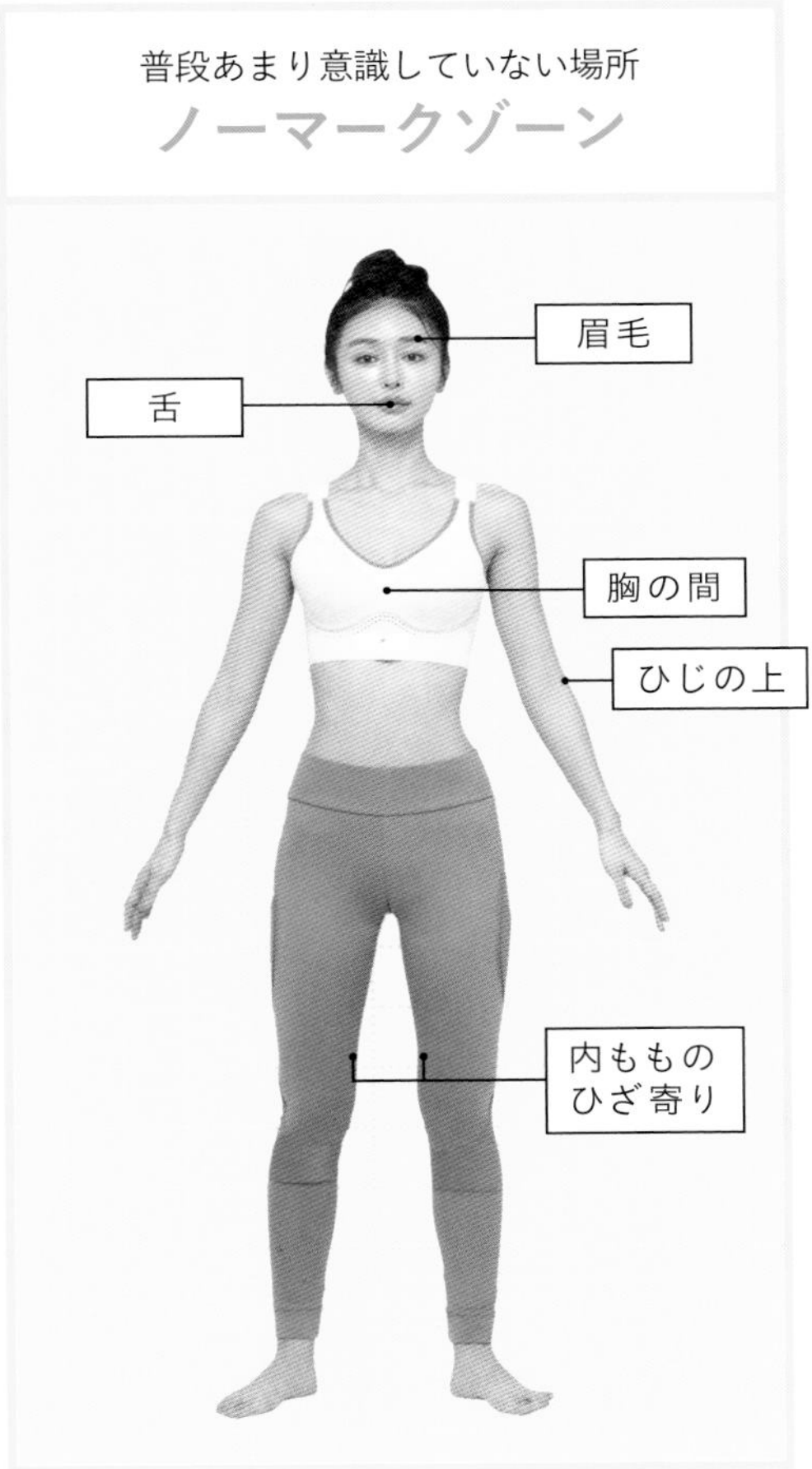

普段あまり意識していない場所
ノーマークゾーン

1 眉毛

目力がアップし、キラキラ、うるうるの瞳に！

眉毛は、刺激すると目力アップに効果的。眉毛にあるツボには、眼精疲労、ドライアイの改善や、白目をきれいにしたり、目を大きくしたり、目の二重の幅を広くしたり、眉間のシワを薄くする効果が。刺激すると眉毛周りのくすみも解消して、ハイライト効果が出て、キラキラ、うるうるの瞳に。精神安定効果もあるので、イライラしたときにも。

Check!

こんな効果が！

- 眼精疲労やドライアイの改善
- 白目をきれいに。目が大きくなり、二重の幅が広がる
- 精神の安定

1

眉毛の上のツボを親指でプッシュ

両手の親指を左右それぞれの眉頭の少しくぼんだ部分に当て、3秒押したら離します。黒目の上、眉尻の眉毛上も同様に。

2

眉毛をつまんで上下に動かす

次に両手の人差し指と親指で片側の眉毛をつまみ、上下に動かします。眉頭から眉尻までを、ほぐれるまで行いましょう。

仕事の合間にも
おすすめ

2 舌

舌をほぐすとリラックスし、小顔になって口角もアップ

自分では気づきにくいのですが、舌は、実はこって硬くなりやすい部分。ストレスがたまることでも緊張して硬くなりがちです。舌をほぐすと、緊張がほぐれてリラックスしやすくなります。また、唾液の分泌量が増えて虫歯や歯周病の予防になるうえ、エラの張りが解消して小顔になったり、口角が上がったり、発声がしやすくなる効果も。

Check!

こんな効果が！

- リラックスしやすくなる
- 唾液の量が増える
- エラの張りが解消し、小顔に
- 口角が上がる
- 発声しやすくなる

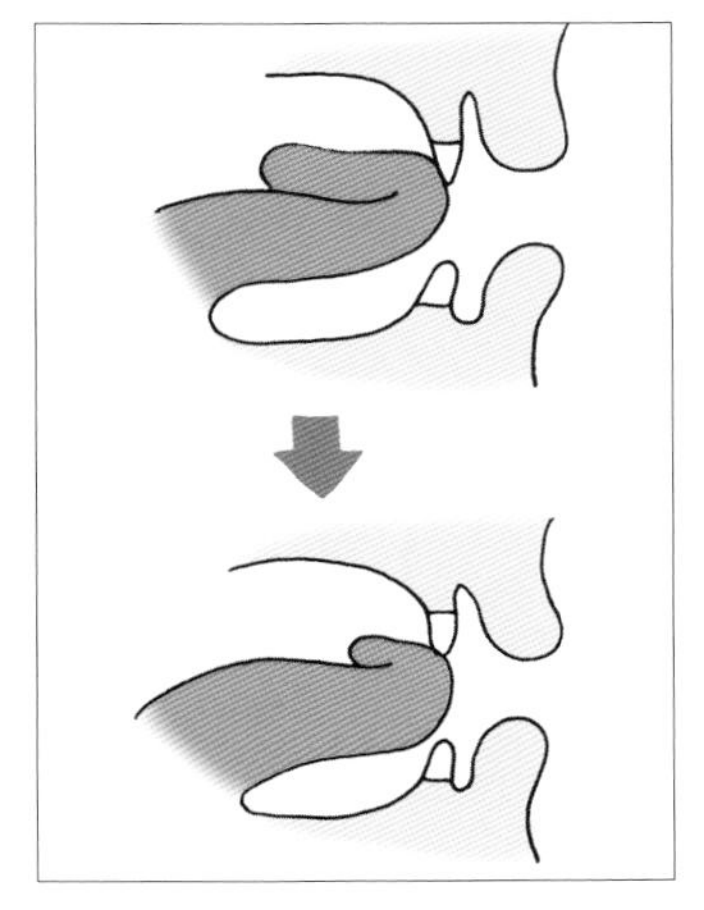

1 舌を2つに折りたたんで、上下の舌をこすり合わせながら伸ばしていく

「イー」の口で、舌を2つに折りたたみ、上側の舌と下側の舌をこすり合わせながら、ゆっくりと伸ばしていきます。これを5回。

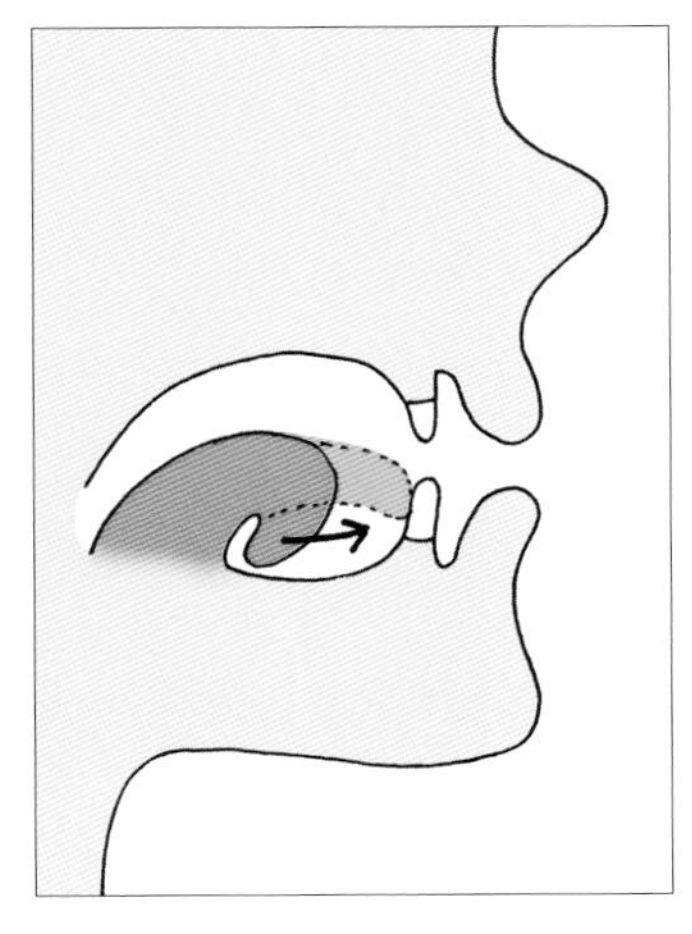

2 舌の裏側の付け根から下の前歯に向かって、舌ですくい上げる

次に舌の先を、舌の裏側の付け根に当て、そこから下の前歯に向かって、すくい上げるように動かします。これを5回。

胸の間

胸の中央のツボ「膻中」を押すとバストがアップ

バストのマッサージはしていても、胸の中央を刺激することはあまりないと思います。でも、ここもぜひケアを。左右のバストトップを結んだラインの中央には、女性ホルモンの分泌を整える「膻中(だんちゅう)」というツボがあり、押すとバストアップにつながります。胸が開いて姿勢が改善するほか、免疫力アップや、落ち込みを改善する効果もあります。

Check!

こんな効果が！

- 女性ホルモンの分泌が整い、バストがアップ
- 姿勢が改善する
- 免疫力アップ
- 落ち込みの改善

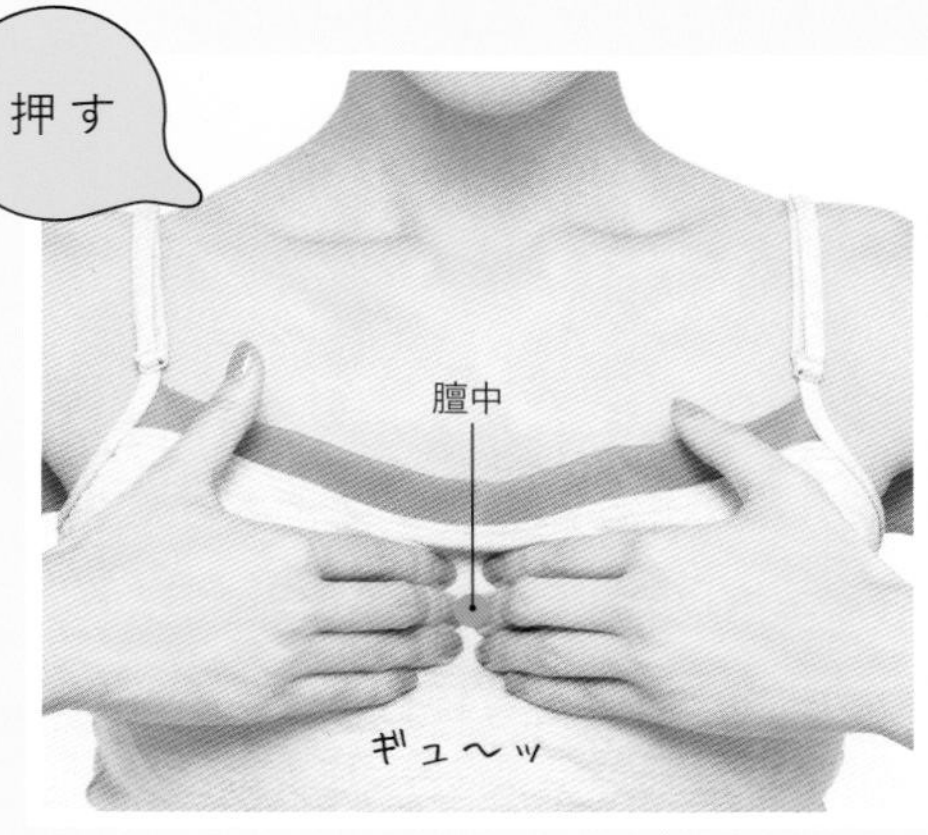

1 左右のバストトップのちょうど真ん中の「膻中」をプッシュ

左右のバストトップを結んだちょうど真ん中が「膻中」。ここを両手の親指以外の指で３秒間押して離すを３回繰り返します。

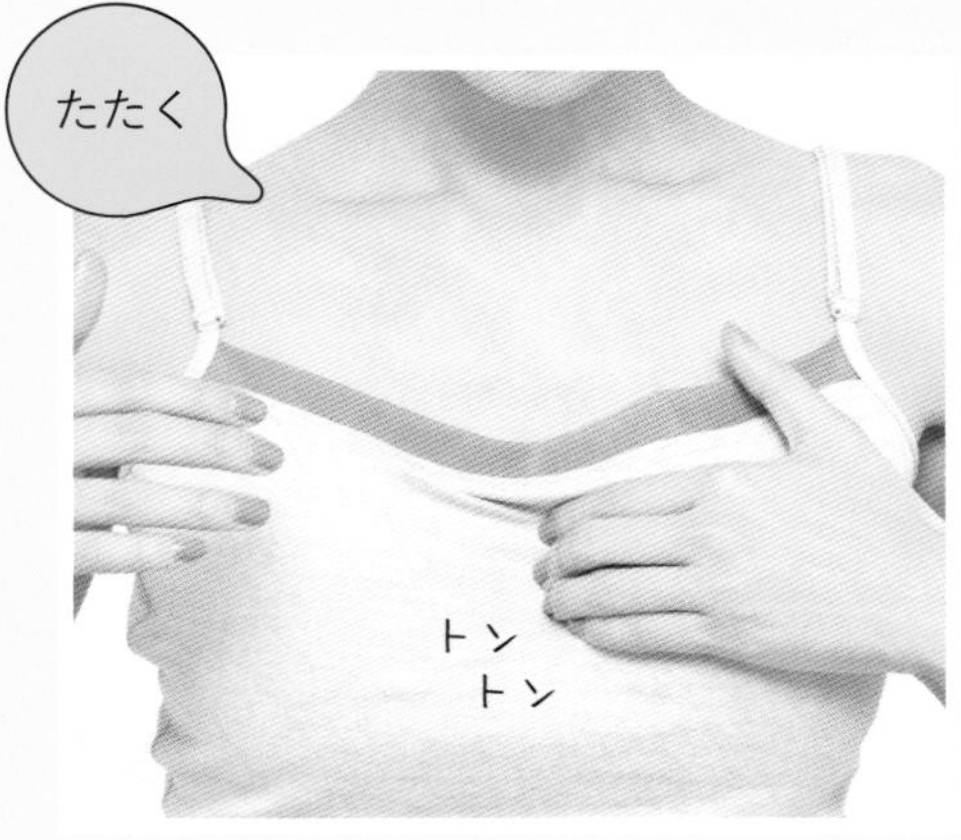

2 膻中を左右の手で交互にトントンとたたく

次に、膻中のツボを、両手の親指以外の指で交互にトントンとやさしくたたきます。これを10回。

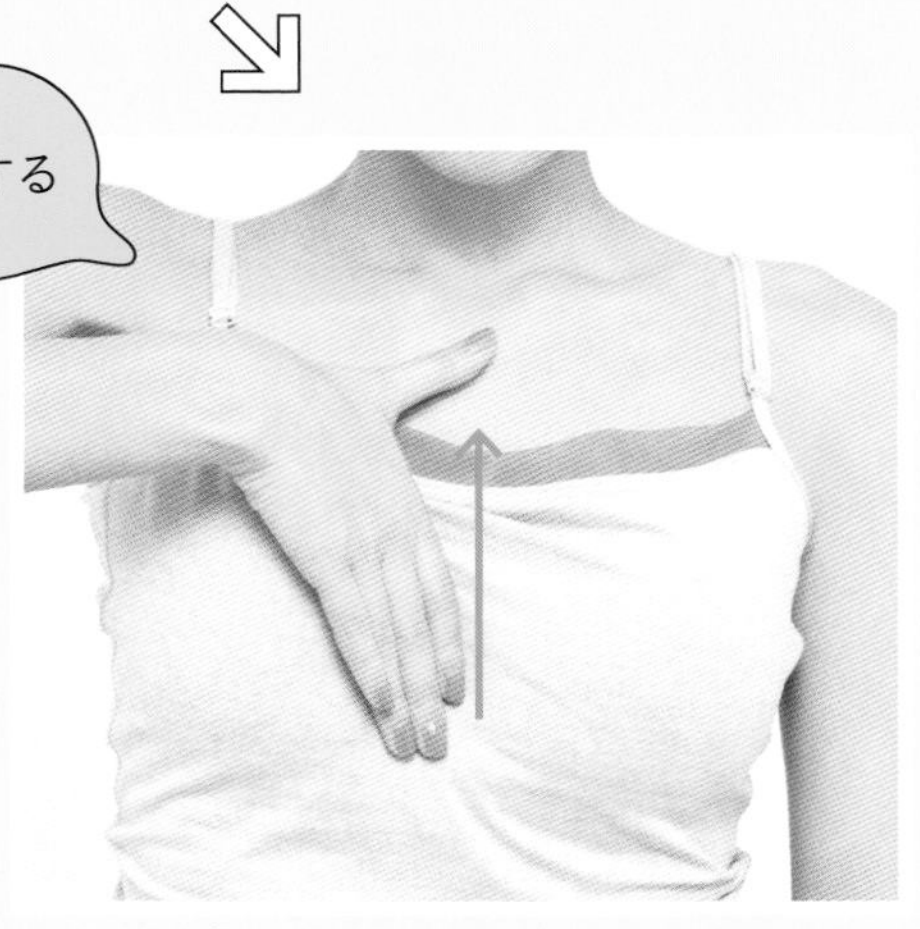

3 膻中のあたりを下から上へさすり上げる

最後に片手の親指以外の指で、膻中のあたりを下から上に向かってさすり上げます。これを５回。

4 ひじの上

肩こりや頭痛などに効く2つのツボがある

ひじ上も、あまり意識を向けることがないと思いますが、ここには「清冷淵（せいれいえん）」と「天井（てんせい）」という2つのツボがあり、どちらにも、肩こりや頭痛、ひじの痛み、耳鳴り、寝違えなどの改善効果が。肩がこっているときは、直接肩をもみがちですが、ひじ上をほぐすほうが改善しやすかったりします。いつでも自分でほぐしやすい部分なので、こまめに行って。

Check!

こんな効果が！

- 肩こり、頭痛、ひじの痛み、耳鳴り、寝違えなどの改善

ココを押す

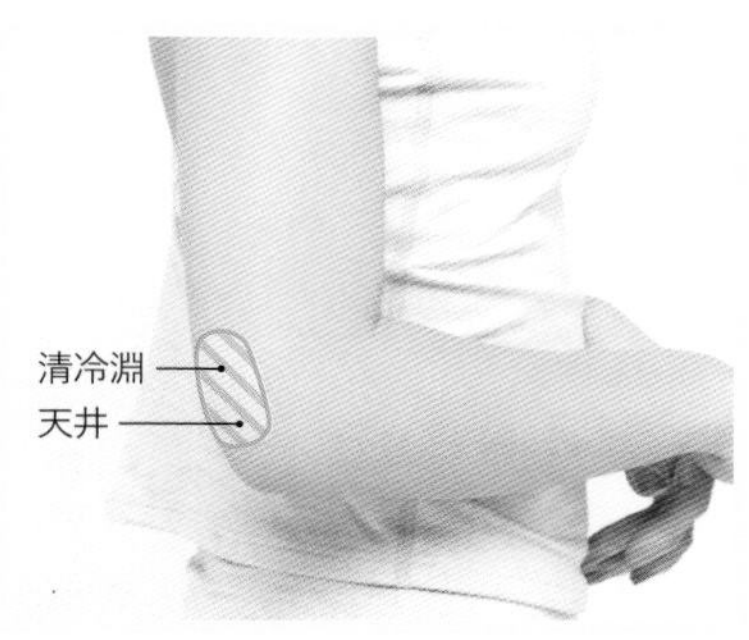

ひじ関節の少し上あたりをほぐす

ひじの関節の上の少しくぼんでいる部分に、２つのツボが縦に並んでいるので、ここをほぐします。

ほぐす

ギュッ
ギュッ

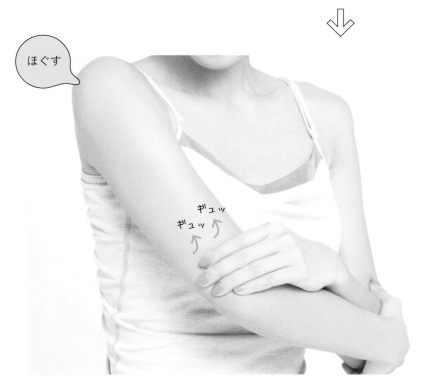

ひじ上を指の腹でほり上げるようにほぐす

２つのツボのあたりに、人差し指、中指、薬指の３本を当て、指の腹で上に向かってほり上げるイメージでほぐします。左右各20回。

腕組みの
ようにすると
やりやすいよ

内もものひざ寄り

血行を促す「血海」があり、冷えや生理痛などを改善

内もものひざ寄りの部分も女性はケアするといい場所。ここには血行を促進させる「血海(けっかい)」というツボがあり、血行の悪さからくるトラブルの改善に効果的です。血行がよくなり、冷えやむくみ、生理痛、生理不順が改善しやすくなります。むくみが改善することで脚やせ効果も期待できます。座りながら簡単に刺激できるので、こまめに行って。

Check!

こんな効果が！

- 血行をよくする
- 冷え、むくみの改善
- 生理痛、生理不順の改善
- 脚やせ

はさむ

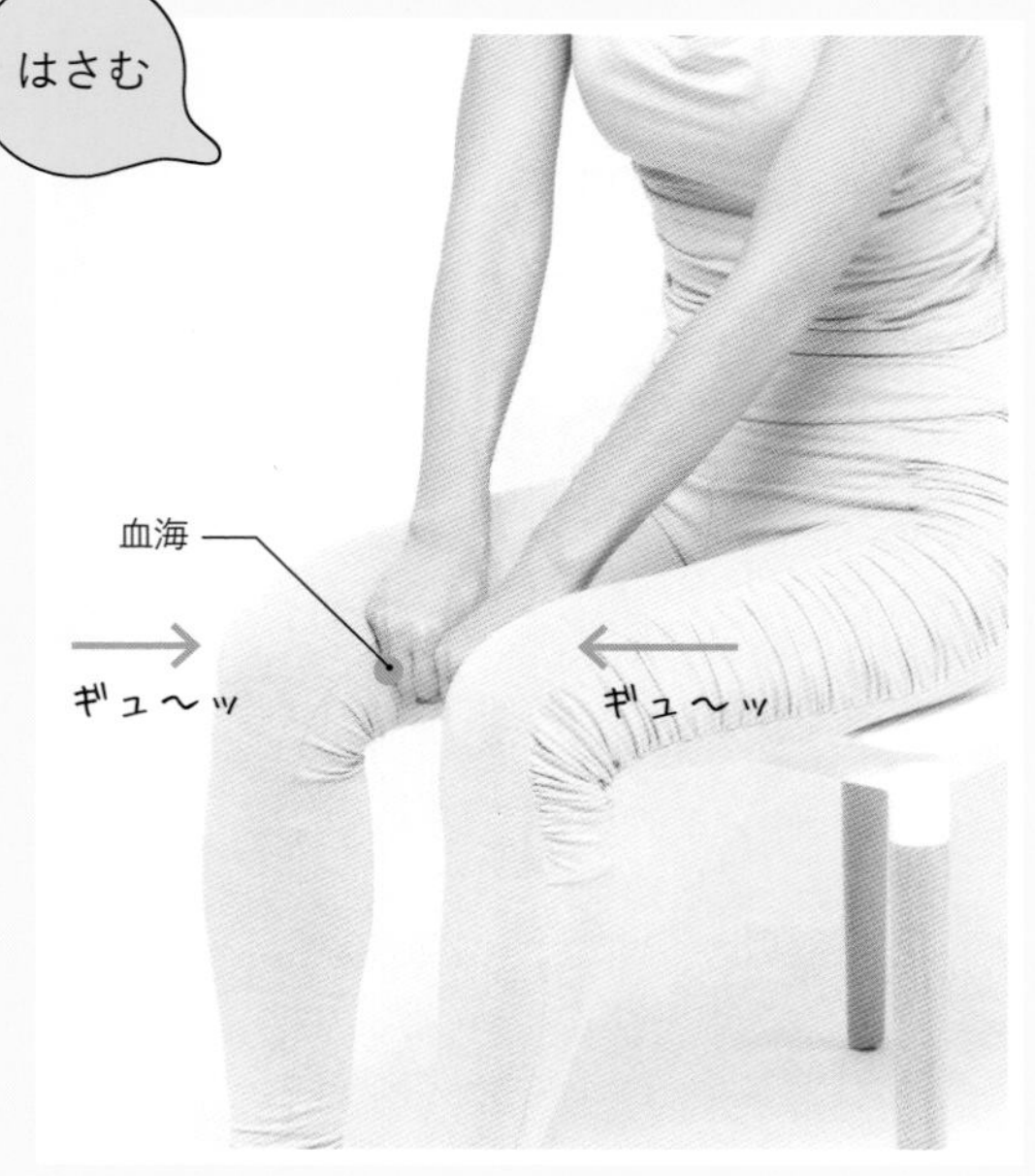

内もものひざ寄りの部分にこぶしを当て、太ももではさむ

椅子に座り、左右の内もものひざ寄りの場所の押すと痛気持ちいい部分に両手の握りこぶしを当て、太ももでギューッとはさんで離す。これを10回。

全体を刺激

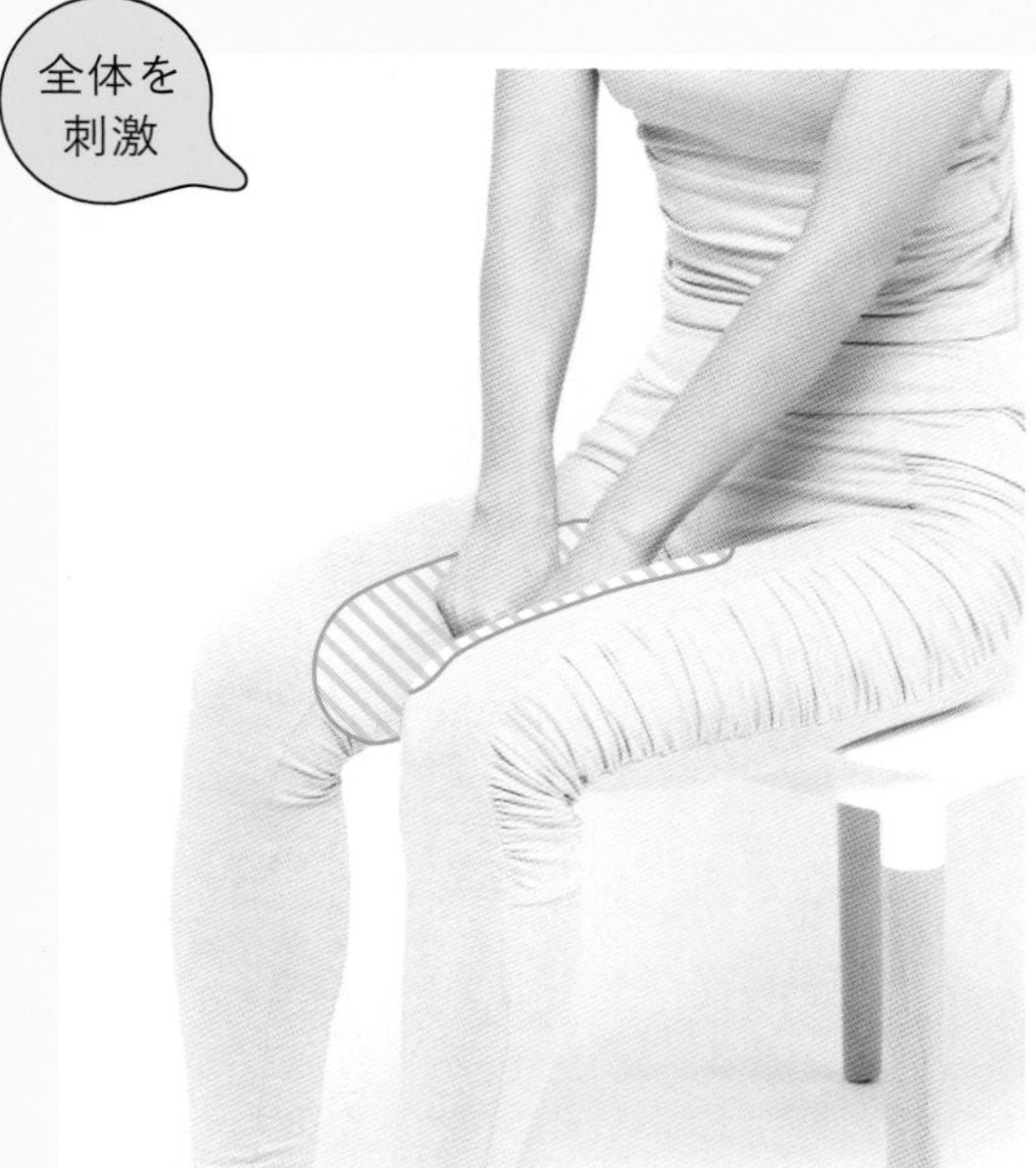

こぶしを移動して内もも全体を刺激してもOK!

女性特有の
不調の改善に

実は一番ノーマーク！　心もケアしてHappyに♡

お尻先生の美の10箇条

1

生まれ変わるなら、生きているうちに

〝生まれ変わったらこうなりたい〟と言う人がいますが、これは〝生まれ変わらないとできない〟と思い込んでいるから。人生は一度きりなので、〝生きているうちにしよう〟〝今からでもできる〟と思ってどんどん挑戦することです。そう思えば必ず叶います。

Chapter 4

ノーマークゾーン・ケア

2

食べる物と浴びる言葉で体はできている

毎日食べている物はダイレクトに体の状態や見た目に現れるので、なるべくいろいろな旬の食べ物をおいしくいただきましょう。また、浴びる言葉でも体は変わります。なるべく周りの人と〝きれいだね〟などとほめあって、毎日いい言葉を浴びると、より美しくなれますよ。

3

自分の機嫌は自分でとる

〝自分にあまり似合わないな〟と思う服を着ていたり、好きじゃないものに囲まれていると心にも体にも悪影響が。身の回りをキュンとなるアイテムでいっぱいにして。自分の機嫌は自分でとり、〝好き〟に囲まれた生活を目指しましょう。

4 女は欲張りでいい

仕事をとるか、結婚をとるか、出産をとるかなどと迷う女性がいますが、全部手に入れればいい！と私は思います。女性だからといって何かを犠牲にする必要はありません。欲張りでいいのです。欲張りに、やりたいことを全部やっている人ほど輝いているものです。

5 三日坊主上等！

何事も三日坊主だと、自分のことを責めがちですが、その必要はありません。3日も続いたのですから〝第一関門クリア〟ととらえて自分をほめましょう。そしてまた3日やれば6日になります。少しでも、やるのとやらないのとでは大きく違うので三日坊主上等！

6 マッサージするときと鏡を見るときは「可愛い」と声に出す

この本で何回かお伝えしましたが、鏡を見るときは自分に〝可愛いね〟と声をかけてあげましょう。言葉には〝言霊〟があるので、その言葉通りになっていきます。自己嫌悪に陥ることがあっても、その日の最後には必ず自分をほめる言葉で終えてくださいね。

7 あいさつは「ラ」の音程で！

あいさつは、ドレミファソラシドの、「ラ」の音程で発声することを心がけましょう。「ラ」の音は赤ちゃんの産声の音程と言われ、誰にとっても心地いい音とされています。気分が沈んでいると声も低めになりがちですが、あいさつだけは、少し高めの「ラ」の音に！

8 芯はあってもしなやかに

硬い枝はポキッと折れやすいように、心もただ強いだけでは、何かをきっかけにポキッと折れかねません。しなやかな枝はしなってなかなか折れないように、心も、しっかりと芯はあっても表面的にはしなやかさ、柔軟さがあるほうが、生きるのがラクになりますよ。

「始め」と「終わり」を丁寧に

私は、施術でお客様の体に触れるときはできるだけそっとやさしく触れ、手を離すときは〝離したくない〟と思いながらできるだけそっと離すよう心がけています。このように「始め」と「終わり」はとても大事。それを丁寧にすると所作がきれいになりますし、人にもいい印象を与えます。

10 「すみません」のかわりに「ありがとう」

日本人は、人に何かをしてもらうと、「すみません」と言いがちですが、こう言うと、〝「すみません」という気持ちにさせて、すみません〟と相手を申し訳ない気持ちにさせます。「ありがとう」と言われるほうが人はうれしくなるもの。「ありがとう」と言う習慣を。

Check!

3週間お尻ほぐし体験 劇的！ ビフォーアフター

お尻ほぐしを実際にやってみた３人の体験談をご紹介。簡単なのに効果抜群、驚きの変化をとくとご覧あれ！

長年の悩みだったO脚が改善して本当に嬉しいです！

CASE 1
佐久間 蘭さん
（28歳・イラストレーター）

お悩み
- O脚
- 垂れ尻
- 顔のゆがみ
- 生理痛

手強いO脚も、お尻をほぐすだけでラクラク解決！

小さい頃からO脚に悩んできたという佐久間さん。何をやっても改善せず、もう諦めかけていたほどのO脚が、短期間ですらっとした美脚に大変身！　お尻の位置も上がって、下半身まるごとスリムな印象に。

「3週間、お風呂上がりに毎日実践しました。一つひとつの動作が簡単なので、一度習慣になってしまえば、ラクに続けられます。だんだんお尻に対する意識も変わってきて、お尻のほっぺや仙骨のあたりをこまめに触るように。日中も、お尻をつぶさない座り方をしていたので、自然と姿勢までよくなりました。大変なことは何ひとつしていないのに、あんなに悩んでいたO脚があっさり改善するなんて、自分でもビックリです！　なんだか魔法みたい」

さらに、嬉しい変化は体の見た目だけでなく、体調にまで！

「生理痛が結構重い方なのですが、お尻ほぐしを始めてからとても軽くなりました！　体にいいことしかないお尻ほぐし、これからも絶対続けます」

仕事しながらできちゃう！

仕事中にもミルフィーユポイントほぐしを。座りっぱなしで固まったお尻がほぐれて、いい感じ♪

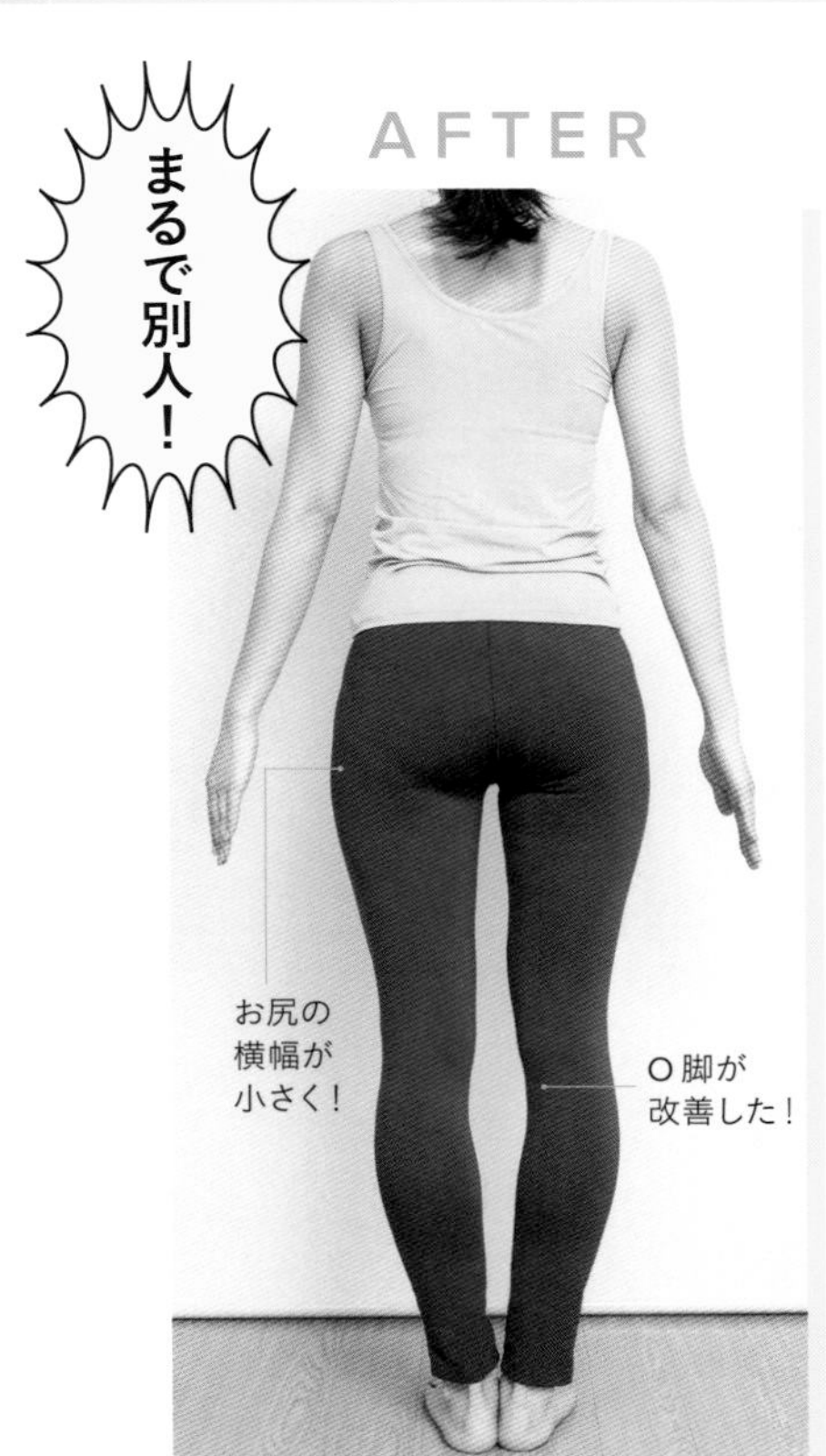

まるで別人！
AFTER
お尻の
横幅が
小さく！
O脚が
改善した！

BEFORE

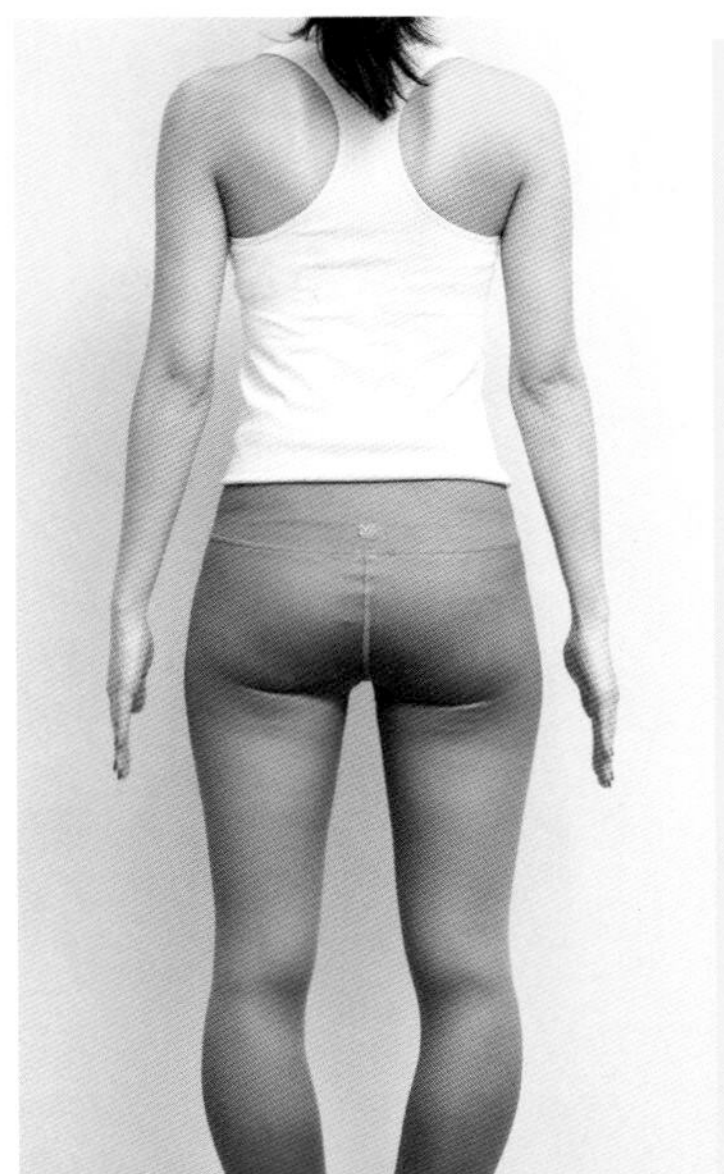

すらりと見違えるような美脚に！　お尻も全体的に小さくなって、スタイルアップした。

本人も気にしているとおり、かなりO脚が目立つ。お尻も少し垂れ気味……。

AFTER　　BEFORE

一回り
小顔に！

頬の面積がキュッと縮小して、顔の縦幅が小さくなった！　悩みだった左右のゆがみも改善して、均整のとれた小顔をゲット。

AFTER　　BEFORE

キュッと
小尻に！
前もものハリが
なくなった！

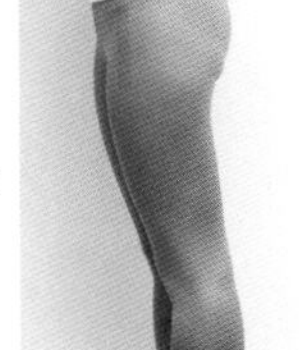

ヒップのサイズと太ももにご注目！　お尻のサイズが一回り小さくなって、美尻に近づいた。前もものハリも消えてほっそり。

お尻先生'sコメント

O脚さんにも効くお尻ほぐし。お尻をほぐすと全身の血流がよくなり、筋肉のこりがとれて、O脚改善に繋がります！

周りの人から「やせた?」と
言われるように！

CASE 2
荒井香織さん
（35歳・インストラクター）

お悩み

- 下半身に肉がつきやすい
- お尻が横にひろがっている
- 顔のゆがみ

なかなか難しい下半身やせに筋トレ以上の威力を実感

ピラティスインストラクターの荒井さん。鍛えているのにやせられないと悩んでいた下半身が、お尻ほぐしで引き締まった！

「レッスン前の準備運動に取り入れました。ミルフィーユポイントがかなり痛くて、自分のお尻がこっていることを痛感。お尻ほぐしを始めてからは、長時間立ったままでも腰が疲れにくくなりました。最近は、お客様からやせた?と声をかけられることも。体重は変わっていないのに、驚きです！」

下腹 −5cm

AFTER

顔が小さくなった！

お尻が上がった！

くびれができた！

ハリが改善！

全体的にすっきり！

お尻が上がったことと連動して、太ももの肉も上に引っ張り上げられ、横ハリが改善。顔のむくみも取れて、お腹周りもすっきりした！

BEFORE

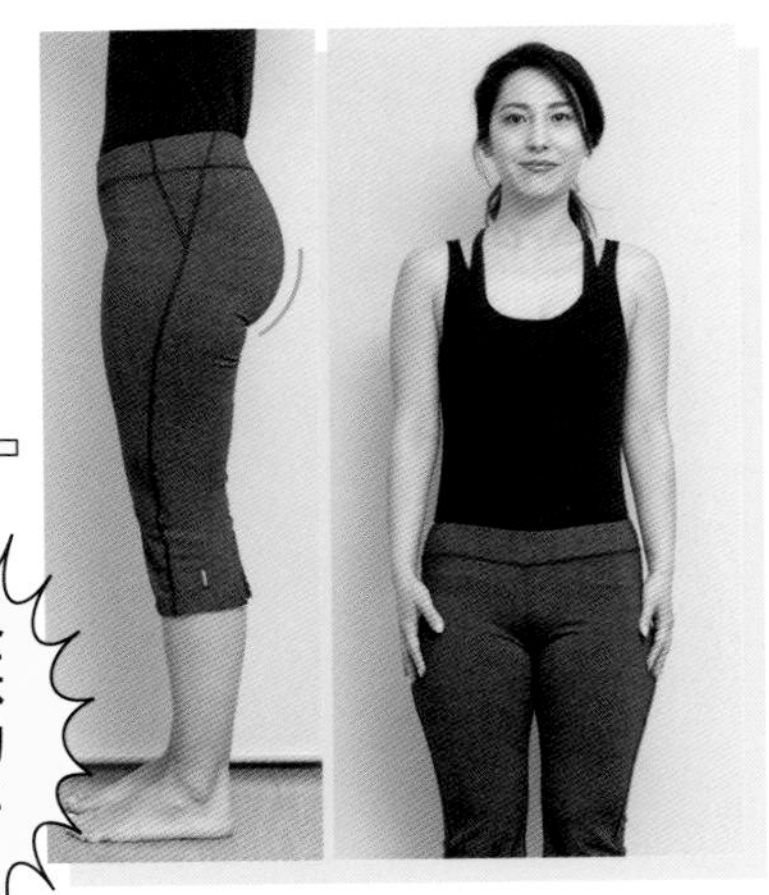

上半身に比べ、下半身が太りやすいのが悩み。お尻のボリュームと太もものハリ感を減らしたい！　下腹の脂肪も気になる。

お尻先生'sコメント

筋トレをする人は、こり尻になりやすいので要注意。お尻をほぐせば、毒素が排出されて、疲れにくい体になれます。

生まれて初めて「くびれ」ができて、大感激！

CASE 3
島村佳奈さん
（30歳・会社員）

お悩み

- お尻の脂肪が落ちない
- くびれがない
- 体がこりやすい

冷えこり尻が柔らかくほぐれ、メリハリボディに変身

デスクワーク中心の生活で座りっぱなし、運動もしないという島村さんは、典型的な冷え&こり尻タイプ。お尻をほぐしただけで、寸胴体型にメリハリが出現！

「一日3分もあればできるので、ずぼらな私でも続けられました。どんどんお尻がふわふわになっていくのが嬉しくて、ついお尻を触ってしまいます。いつのまにか、憧れのくびれまで手に入って本当に感動しました。最近は、体も軽くて調子がいいです！」

ウエスト－8cm　AFTER

下腹が凹んだ！
お尻と脚の境目くっきり！
隙間ができた！
くびれができた！
お尻が小さく！

大幅スタイルアップ！

BEFORE

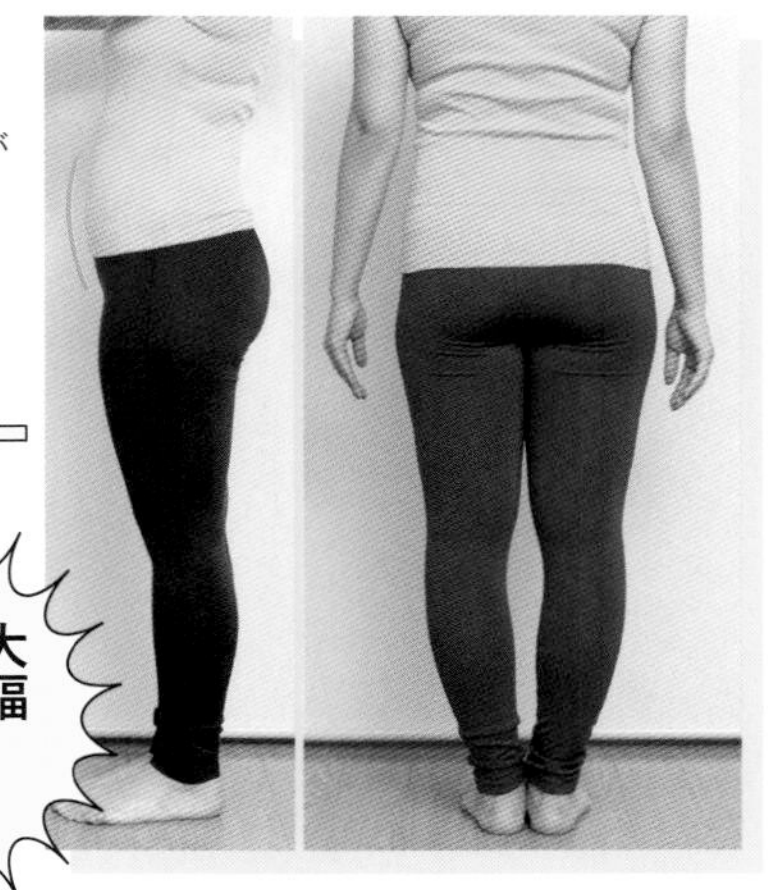

後ろ姿に目を見張る変化が！　ウエスト8cmものサイズダウンを達成し、はっきりとくびれが出現。太ももの間に隙間もできた。

全体的にぽっちゃりしていて、くびれもあまりない寸胴体型。何をやっても凹まない下っ腹と、お尻と太ももについた贅肉が悩みの種。

お尻先生'sコメント

冷え尻さんは、お尻を温めてこまめに触ることがとにかく大切。意識が変われば、どんどんお尻はこたえてくれます！

おわりに

お尻で世界をHappyに！

私は、これまで20年間、セラピストとしてお尻に触れてきて〝美と健康のカギはお尻にあり〟との確信に至りました。女性の悩みはお尻で解決できます。

私自身、70kgまで体重が増えたり、ニキビだらけの顔になったりと、身も心もボロボロになった時もありましたが、お尻をケアするようになり、今は幸せいっぱいの日々を過ごしております。この想いを私だけに留めるのではなく、Happyを世界中に伝えたいと思い、この本を作りました。

お尻のケアは、いつ始めても間に合います！　大人女性のわがままなお尻を、思わず頬をスリスリしたくなる、赤ちゃんのほっぺのようなお尻に蘇らせましょう！　この肉体を持って生まれ、天にお返しするその日まで、生まれ変わるなら生きてるうちに！　お尻良ければ全て良し！

この本を手に取っていただいた皆様に感謝申し上げます。

愛を込めて

田口咲

Check!

Salon Information

鍼とウィンバックの合わせ技で お尻から体を変える

お尻からのアプローチで全身を整えるサロン。一人ひとりの体の癖や体調に合わせて、毎回完全オーダーメイドで施術を行う。最新鋭のラジオ波マシン「WINBACK(ウィンバック)」と鍼・お灸を組み合わせた画期的な施術は、女優やモデルはもちろん、アスリートからの指名も多数！　ウィンバックのみの施術もあり、体のお悩みに幅広く対応可能。プロ向けのお尻ほぐし講座やウィンバック講習を行うなど、プロも一目置くサロンとして注目を集めている。

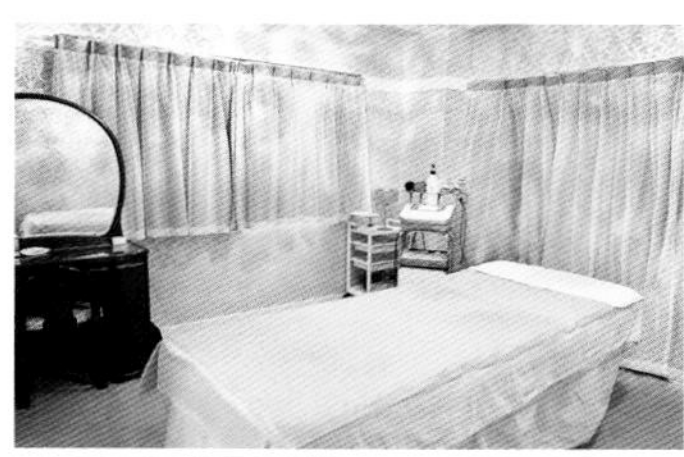

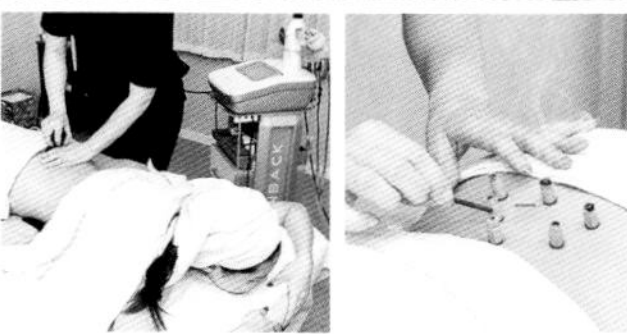

お尻ほぐしが受けられるサロンはココ！

鍼美salonゑまひ〜EMAI〜……………………㊟東京都港区麻布十番1丁目5-11 紅梅ハウス403
☎03-6804-2980　https://emai.jp/

ゑまひ〜EMAI〜 熊本店……………………㊟熊本県玉名市松木
☎03-6804-2980　※詳細は電話にてお問い合わせください。

ゑまひ〜EMAI〜 福岡店……………………☎092-742-7745　※詳細は電話にてお問い合わせください。

姉妹店 3Re.therapy（スリー・セラピー）……………………㊟秋田県秋田市山王7丁目8-5-1001
☎018-802-0422　https://3re-therapy.com/

協力店

アディダスグループお客様窓口	0570-033-033
ヴァン・ベール コミュニケーションセンター	0120-329-700
クラランス お客さま窓口	03-3470-8545
コーラリースイム	03-6313-0260
コンフォートジャパン	0120-39-5410
ジュンカスタマーセンター	0120-298-133
nail shop TAT	0120-777-466
ハナミスイ お客様相談室	03-6304-5986
ビューティーキャラバン	06-6223-4757
ミコモリ 表参道ヒルズ店	03-6447-5448
メルヴィータジャポン カスタマーサービス	03-5210-5723
ロクシタンジャポン カスタマーサービス	0570-66-6940

衣　装

［カバー、イメージカット］
トップス ¥12000／ミコモリ 表参道ヒルズ店(ミコモリ)　ビキニ&ショーツ ¥16000／コーラリースイム
［Chapter2（P40〜61）］
トップス ¥11000、レギンス ¥11000／アディダス（アディダス バイ ステラ・マッカートニー）
［Chapter3（P76〜79）］
ショートパンツ 参考商品／ジュンカスタマーセンター(NERGY)　トップス／スタイリスト私物
［Chapter4］
トップス ¥7500、レギンス ¥8900／ジュンカスタマーセンター(WAKA NOZAWA×NERGY)

STAFF

撮影	岩谷優一（vale.／加治ひとみ・動画） 小野良子（P106〜P109） 伊藤泰寛（本社写真部／田口咲・静物）	イラスト	アオノミサコ
		デザイン	羽鳥光穂
		編集協力	和田美穂　藤山佳那
動画編集	森京子（本社写真部）	Special Thanks	有限会社マヴェリック 川井孝治（東京衛生学園） 飯田真奈美（ゑまひ） 上田美幸（ゑまひ） 河野里奈（ゑまひ）
ヘアメイク	George（加治ひとみ） 藤本希（cheek one／田口咲）		
スタイリング	坂下シホ		
モデル	加治ひとみ		

お尻先生 田口 咲

東京・麻布十番「鍼美salonゑまひ〜EMAI〜」代表。AEAインターナショナルエステティシャン。鍼灸師、あん摩マッサージ指圧師、医療リンパドレナージセラピスト。秋田県生まれ。お尻のケアに着目し、マシンや手技、鍼灸などを交えた独自の手法でケアにあたる。お尻をケアするだけで、ヒップアップ、痩せる、小顔になる、可愛くなる、開運すると大人気で、女優やモデルなどにもファンが多い。

全身（ぜんしん）きれいになりたければ、
お尻（しり）だけほぐせばいい！

2020年4月8日　第1刷発行

著　者　　田口 咲（たぐち さき）

発行者　　渡瀬昌彦

発行所　　株式会社 講談社
〒112-8001
東京都文京区音羽2-12-21
編集　☎03-5395-3469
販売　☎03-5395-3606
業務　☎03-5395-3615

印刷所　　大日本印刷株式会社

製本所　　大口製本印刷株式会社

ISBN 978-4-06-519391-4